TAILANDÊS
VOCABULÁRIO

PORTUGUÊS BRASILEIRO

PORTUGUÊS
TAILANDÊS

Para alargar o seu léxico e apurar
as suas competências linguísticas

7000 palavras

Vocabulário Português Brasileiro-Tailandês - 7000 palavras

Por Andrey Taranov

Os vocabulários da T&P Books destinam-se a ajudar a aprender, a memorizar, e a rever palavras estrangeiras. O dicionário é dividido em temas, cobrindo todas as principais esferas de atividades quotidianas, negócios, ciência, cultura, etc.

O processo de aprendizagem, utilizando os dicionários baseados em temáticas da T&P Books dá-lhe as seguintes vantagens:

- Informação de origem corretamente agrupada predetermina o sucesso em fases subsequentes da memorização de palavras
- Disponibilização de palavras derivadas da mesma raiz, o que permite a memorização de unidades de texto (em vez de palavras separadas)
- Pequenas unidades de palavras facilitam o processo de estabelecimento de vínculos associativos necessários para a consolidação do vocabulário
- O nível de conhecimento da língua pode ser estimado pelo número de palavras aprendidas

T&P Books Publishing
www.tpbooks.com

ISBN: 978-1-78767-343-4

Este livro também está disponível em formato E-book.
Por favor visite www.tpbooks.com ou as principais livrarias on-line.

VOCABULÁRIO TAILANDÊS
palavras mais úteis

Os vocabulários da T&P Books destinam-se a ajudar a aprender, a memorizar, e a rever palavras estrangeiras. O vocabulário contém mais de 7000 palavras de uso comum organizadas tematicamente.

O vocabulário contém as palavras mais comummente usadas
Recomendado como adicional para qualquer curso de línguas
Satisfaz as necessidades dos iniciados e dos alunos avançados de línguas estrangeiras
Conveniente para o uso diário, sessões de revisão e atividades de auto-teste
Permite avaliar o seu vocabulário

Características especias do vocabulário

- As palavras estão organizadas de acordo com o seu significado, e não por ordem alfabética
- As palavras são apresentadas em três colunas para facilitar os processos de revisão e auto-teste
- As palavras compostas são divididas em pequenos blocos para facilitar o processo de aprendizagem
- O vocabulário oferece uma transcrição simples e adequada de cada palavra estrangeira

O vocabulário contém 198 tópicos incluindo:

Conceitos básicos, Números, Cores, Meses, Estações do ano, Unidades de medida, Roupas & Acessórios, Alimentos & Nutrição, Restaurante, Membros da Família, Parentes, Caráter, Sentimentos, Emoções, Doenças, Cidade, Passeios, Compras, Dinheiro, Casa, Lar, Escritório, Trabalho no Escritório, Importação & Exportação, Marketing, Pesquisa de Emprego, Esportes, Educação, Computador, Internet, Ferramentas, Natureza, Países, Nacionalidades e muito mais ...

TABELA DE CONTEÚDOS

GUIA DE PRONUNCIAÇÃO

Alfabeto fonético T&P	Exemplo tailandês	Exemplo Português
[a]	ห้า [hâ:] – hâa ˙	chamar
[e]	เป็นลม [pen lom] – bpen lom	metal
[i]	วินัย [wí? naj] – wí–nai	sinônimo
[o]	โกน [ko:n] – gohn	lobo
[u]	ขุนเคือง [kʰùn kʰɯ:aŋ] – khùn kheuang	bonita
[aa]	ราคา [ra: kʰa:] – raa–khaa	rapaz
[oo]	ภูมิใจ [pʰu:m tɕaj] – phoom jai	blusa
[ee]	บัญชี [ban tɕʰi:] – ban–chee	cair
[ɯ]	เดือน [dɯ:an] – deuan	Um [u] sem arredondar os lábios
[ɤ]	เงิน [ŋɤn] – ngern	O [u] Inglês, só que com os lábios arredondados
[ae]	แปล [plɛ:] – bplae	plateia
[ay]	เลข [lê:k] – lâyk	plateia
[ai]	ไปป์ [paj] – bpai	baixar
[oi]	โพย [pʰo:j] – phoi	moita
[ya]	สัญญา [săn ja:] – săn–yaa	Himalaias
[ɤ:i]	อบเชย [?òp tɕʰɤ:j] – òp–choie	Combinação [ə:i]
[i:a]	หน้าเขียว [nâ: si:aw] – nâa sieow	Kia Motors

Consoantes iniciais

[b]	บาง [ba:ŋ] – baang	barril
[d]	สีแดง [sǐ: dɛ:ŋ] – sěe daeng	dentista
[f]	มันฝรั่ง [man fà ràŋ] – man fà–ràng	safári
[h]	เฮลสิงกิ [he:n siŋ kì?] – hayn–sing–gì	[h] aspirada
[y]	ยี่สิบ [jî: sìp] – yêe sìp	Vietnã
[g]	กรง [kroŋ] – grorng	gosto
[kh]	เลขา [le: kʰǎ:] – lay–khăa	[k] aspirada
[l]	เล็ก [lék] – lék	libra
[m]	เมลอน [me: lɔ:n] – may–lorn	magnólia
[n]	หนัง [nǎŋ] – năng	natureza
[ng]	เงือก [ŋɯ:ak] – ngêuak	alcançar
[bp]	เป็น [pen] – bpen	presente
[ph]	เผา [pʰàw] – phào	[p] aspirada
[r]	เบอรรี่ [bɤ: rî:] – ber–rêe	riscar
[s]	ซอน [sôn] – sôrn	sanita
[dt]	ดนตรี [don tri:] – don–dtree	tulipa
[j]	ปั้นจั่น [pân tɕàn] – bpân jàn	tchetcheno

Alfabeto fonético T&P	Exemplo tailandês	Exemplo Português

[ch]	วิชา [wi? tɕʰaː] – wí–chaa	[tsch] aspirado
[th]	แถว [tʰɛːw] – thǎe	[t] aspirada
[w]	เคียว [kʰiːaw] – khieow	página web

Consoantes finais

[k]	แม่เหล็ก [mɛː lèk] – mâe lèk	aquilo
[m]	เพิ่ม [pʰɤːm] – phêrm	magnólia
[n]	เนียน [niːan] – nian	natureza
[ng]	เป็นห่วง [pen hùːaŋ] – bpen hùang	alcançar
[p]	ไม่ขยับ [mâj kʰà ja p] – mâi khà–yàp	presente
[t]	ลูกเป็ด [lûːk pèt] – lôok bpèt	tulipa

Comentários

Tom médio - [ā] การคูณ [gaan khon]
Tom baixo - [à] แจกจ่าย [jàek jàai]
Tom descendente - [â] แต่ม [dtâem]
Tom alto - [á] แซ็กโซโฟน [sáek-soh-fohn]
Tom ascendente - [ǎ] เนินเขา [nern khǎo]

ABREVIATURAS
usadas no vocabulário

Abreviaturas do Português

adj	-	adjetivo
adv	-	advérbio
anim.	-	animado
conj.	-	conjunção
desp.	-	esporte
etc.	-	Etcetera
ex.	-	por exemplo
f	-	nome feminino
f pl	-	feminino plural
fem.	-	feminino
inanim.	-	inanimado
m	-	nome masculino
m pl	-	masculino plural
m, f	-	masculino, feminino
masc.	-	masculino
mat.	-	matemática
mil.	-	militar
pl	-	plural
prep.	-	preposição
pron.	-	pronome
sb.	-	sobre
sing.	-	singular
v aux	-	verbo auxiliar
vi	-	verbo intransitivo
vi, vt	-	verbo intransitivo, transitivo
vr	-	verbo reflexivo
vt	-	verbo transitivo

CONCEITOS BÁSICOS

Conceitos básicos. Parte 1

1. Pronomes

você	คุณ	khun
ele	เขา	khǎo
ela	เธอ	ther
ele, ela (neutro)	มัน	man
nós	เรา	rao
vocês	คุณทั้งหลาย	khun tháng lǎai
o senhor, -a	คุณ	khun
senhores, -as	คุณทั้งหลาย	khun tháng lǎai
eles	เขา	khǎo
elas	เธอ	ther

2. Cumprimentos. Saudações. Despedidas

Oi!	สวัสดี!	sà-wàt-dee
Olá!	สวัสดี ครับ/ค่ะ!	sà-wàt-dee khráp/khâ
Bom dia!	อรุณสวัสดิ์!	a-run sà-wàt
Boa tarde!	สวัสดีตอนบ่าย	sà-wàt-dee dtorn-bàai
Boa noite!	สวัสดีตอนค่ำ	sà-wàt-dee dtorn-khâm
cumprimentar (vt)	ทักทาย	thák thaai
Oi!	สวัสดี!	sà-wàt-dee
saudação (f)	คำทักทาย	kham thák thaai
saudar (vt)	ทักทาย	thák thaai
Como você está?	คุณสบายดีไหม?	khun sà-baai dee mǎi
Como vai?	สบายดีไหม?	sà-baai dee mǎi
E aí, novidades?	มีอะไรใหม?	mee à-rai mài
Tchau!	ลาก่อน!	laa gòrn
Até logo!	บาย!	baai
Até breve!	พบกันใหม่	phóp gan mài
Adeus! (sing.)	ลาก่อน!	laa gòrn
Adeus! (pl)	สวัสดี!	sà-wàt-dee
despedir-se (dizer adeus)	บอกลา	bòrk laa
Até mais!	ลาก่อน!	laa gòrn
Obrigado! -a!	ขอบคุณ!	khòrp khun
Muito obrigado! -a!	ขอบคุณมาก!	khòrp khun mâak
De nada	ยินดีช่วย	yin dee chûay
Não tem de quê	ไม่เป็นไร	mâi bpen rai
Não foi nada!	ไม่เป็นไร	mâi bpen rai

Desculpa!	ขอโทษที!	khǒr thôht thee
Desculpe!	ขอโทษ ครับ/ค่ะ!	khǒr thôht khráp / khâ
desculpar (vt)	ใหอภัย	hâi a-phai
desculpar-se (vr)	ขอโทษ	khǒr thôht
Me desculpe	ขอโทษ	khǒr thôht
Desculpe!	ขอโทษ!	khǒr thôht
perdoar (vt)	อภัย	a-phai
Não faz mal	ไม่เป็นไร!	mâi bpen rai
por favor	โปรด	bpròht
Não se esqueça!	อย่าลืม!	yàa leum
Com certeza!	แน่นอน!	nâe norn
Claro que não!	ไม่ใช่แน่!	mâi châi nâe
Está bem! De acordo!	โอเค!	oh-khay
Chega!	พอแล้ว	phor láew

3. Números cardinais. Parte 1

zero	ศูนย์	sǒon
um	หนึ่ง	nèung
dois	สอง	sǒrng
três	สาม	sǎam
quatro	สี่	sèe
cinco	ห้า	hâa
seis	หก	hòk
sete	เจ็ด	jèt
oito	แปด	bpàet
nove	เก้า	gâo
dez	สิบ	sìp
onze	สิบเอ็ด	sìp èt
doze	สิบสอง	sìp sǒrng
treze	สิบสาม	sìp sǎam
catorze	สิบสี่	sìp sèe
quinze	สิบห้า	sìp hâa
dezesseis	สิบหก	sìp hòk
dezessete	สิบเจ็ด	sìp jèt
dezoito	สิบแปด	sìp bpàet
dezenove	สิบเก้า	sìp gâo
vinte	ยี่สิบ	yêe sìp
vinte e um	ยี่สิบเอ็ด	yêe sìp èt
vinte e dois	ยี่สิบสอง	yêe sìp sǒrng
vinte e três	ยี่สิบสาม	yêe sìp sǎam
trinta	สามสิบ	sǎam sìp
trinta e um	สามสิบเอ็ด	sǎam-sìp-èt
trinta e dois	สามสิบสอง	sǎam-sìp-sǒrng
trinta e três	สามสิบสาม	sǎam-sìp-sǎam
quarenta	สี่สิบ	sèe sìp
quarenta e um	สี่สิบเอ็ด	sèe-sìp-èt

quarenta e dois	สี่สิบสอง	sèe-sìp-sŏrng
quarenta e três	สี่สิบสาม	sèe-sìp-săam
cinquenta	ห้าสิบ	hâa sìp
cinquenta e um	ห้าสิบเอ็ด	hâa-sìp-èt
cinquenta e dois	ห้าสิบสอง	hâa-sìp-sŏrng
cinquenta e três	หาสิบสาม	hâa-sìp-săam
sessenta	หกสิบ	hòk sìp
sessenta e um	หกสิบเอ็ด	hòk-sìp-èt
sessenta e dois	หกสิบสอง	hòk-sìp-sŏrng
sessenta e três	หกสิบสาม	hòk-sìp-săam
setenta	เจ็ดสิบ	jèt sìp
setenta e um	เจ็ดสิบเอ็ด	jèt-sìp-èt
setenta e dois	เจ็ดสิบสอง	jèt-sìp-sŏrng
setenta e três	เจ็ดสิบสาม	jèt-sìp-săam
oitenta	แปดสิบ	bpàet sìp
oitenta e um	แปดสิบเอ็ด	bpàet-sìp-èt
oitenta e dois	แปดสิบสอง	bpàet-sìp-sŏrng
oitenta e três	แปดสิบสาม	bpàet-sìp-săam
noventa	เก้าสิบ	gâo sìp
noventa e um	เก้าสิบเอ็ด	gâo-sìp-èt
noventa e dois	เก้าสิบสอง	gâo-sìp-sŏrng
noventa e três	เกาสิบสาม	gâo-sìp-săam

4. Números cardinais. Parte 2

cem	หนึ่งร้อย	nèung rói
duzentos	สองร้อย	sŏrng rói
trezentos	สามรอย	săam rói
quatrocentos	สี่ร้อย	sèe rói
quinhentos	ห้าร้อย	hâa rói
seiscentos	หกร้อย	hòk rói
setecentos	เจ็ดร้อย	jèt rói
oitocentos	แปดรอย	bpàet rói
novecentos	เการอย	gâo rói
mil	หนึ่งพัน	nèung phan
dois mil	สองพัน	sŏrng phan
três mil	สามพัน	săam phan
dez mil	หนึ่งหมื่น	nèung mèun
cem mil	หนึ่งแสน	nèung săen
um milhão	ล้าน	láan
um bilhão	พันลาน	phan láan

5. Números. Frações

fração (f)	เศษส่วน	sàyt sùan
um meio	หนึ่งส่วนสอง	nèung sùan sŏrng

um terço	หนึ่งส่วนสาม	nèung sùan săam
um quarto	หนึ่งส่วนสี่	nèung sùan sèe
um oitavo	หนึ่งส่วนแปด	nèung sùan bpàet
um décimo	หนึ่งส่วนสิบ	nèung sùan sìp
dois terços	สองส่วนสาม	sŏrng sùan săam
três quartos	สามส่วนสี่	săam sùan sèe

6. Números. Operações básicas

subtração (f)	การลบ	gaan lóp
subtrair (vi, vt)	ลบ	lóp
divisão (f)	การหาร	gaan hăan
dividir (vt)	หาร	hăan
adição (f)	การบวก	gaan bùak
somar (vt)	บวก	bùak
adicionar (vt)	เพิ่ม	phêrm
multiplicação (f)	การคูณ	gaan khon
multiplicar (vt)	คูณ	khoon

7. Números. Diversos

algarismo, dígito (m)	ตัวเลข	dtua lâyk
número (m)	เลข	lâyk
numeral (m)	ตัวเลข	dtua lâyk
menos (m)	เครื่องหมายลบ	khrêuang măai lóp
mais (m)	เครื่องหมายบวก	khrêuang măai bùak
fórmula (f)	สูตร	sòot
cálculo (m)	การนับ	gaan náp
contar (vt)	นับ	náp
calcular (vt)	นับ	náp
comparar (vt)	เปรียบเทียบ	bprìap thîap
Quanto?	เท่าไหร่?	thâo rài
Quantos? -as?	กี่...?	gèe...?
soma (f)	ผลรวม	phŏn ruam
resultado (m)	ผลลัพธ์	phŏn láp
resto (m)	ที่เหลือ	thêe lĕua
alguns, algumas ...	สองสาม	sŏrng săam
pouco (~ tempo)	นิดหน่อย	nít nòi
poucos, poucas	น้อย	nói
resto (m)	ที่เหลือ	thêe lĕua
um e meio	หนึ่งครึ่ง	nèung khrêung
dúzia (f)	โหล	lŏh
ao meio	เป็นสองส่วน	bpen sŏrng sùan
em partes iguais	เทาเทียมกัน	thâo thiam gan

| metade (f) | ครึ่ง | khrêung |
| vez (f) | ครั้ง | khráng |

8. Os verbos mais importantes. Parte 1

abrir (vt)	เปิด	bpèrt
acabar, terminar (vt)	จบ	jòp
aconselhar (vt)	แนะนำ	náe nam
adivinhar (vt)	คาดเดา	khâat dao
advertir (vt)	เตือน	dteuan

ajudar (vt)	ช่วย	chûay
almoçar (vi)	ทานอาหารเที่ยง	thaan aa-hǎan thîang
alugar (~ um apartamento)	เช่า	châo
amar (pessoa)	รัก	rák
ameaçar (vt)	ขู่	khòo

anotar (escrever)	จด	jòt
apressar-se (vr)	รีบ	rêep
arrepender-se (vr)	เสียใจ	sǐa jai
assinar (vt)	ลงนาม	long naam
brincar (vi)	ลอเลน	lór lên

brincar, jogar (vi, vt)	เล่น	lên
buscar (vt)	หา	hǎa
caçar (vi)	ลา	lâa
cair (vi)	ตก	dtòk
cavar (vt)	ขุด	khùt
chamar (~ por socorro)	เรียก	rîak
chegar (vi)	มา	maa
chorar (vi)	ร้องไห้	rórng hâi
começar (vt)	เริ่ม	rêrm
comparar (vt)	เปรียบเทียบ	bprìap thîap
concordar (dizer "sim")	เห็นด้วย	hěn dûay

confiar (vt)	เชื่อ	chêua
confundir (equivocar-se)	สับสน	sàp sǒn
conhecer (vt)	รู้จัก	róo jàk
contar (fazer contas)	นับ	náp
contar com ...	พึ่งพา	phêung phaa
continuar (vt)	ทำต่อไป	tham dtòr bpai

controlar (vt)	ควบคุม	khûap khum
convidar (vt)	เชิญ	chern
correr (vi)	วิ่ง	wîng
criar (vt)	สร้าง	sâang
custar (vt)	ราคา	raa-khaa

9. Os verbos mais importantes. Parte 2

| dar (vt) | ให้ | hâi |
| dar uma dica | บอกใบ้ | bòrk bâi |

decorar (enfeitar)	ประดับ	bprà-dàp
defender (vt)	ปกป้อง	bpòk bpôrng
deixar cair (vt)	ทิ้งใหตก	thíng hâi dtòk
descer (para baixo)	ลง	long
desculpar (vt)	ใหอภัย	hâi a-phai
desculpar-se (vr)	ขอโทษ	khŏr thôht
dirigir (~ uma empresa)	บริหาร	bor-rí-hăan
discutir (notícias, etc.)	หารือ	hăa-reu
disparar, atirar (vi)	ยิง	ying
dizer (vt)	บอก	bòrk
duvidar (vt)	สงสัย	sŏng-săi
encontrar (achar)	พบ	phóp
enganar (vt)	หลอก	lòrk
entender (vt)	เข้าใจ	khâo jai
entrar (na sala, etc.)	เข้า	khâo
enviar (uma carta)	สง	sòng
errar (enganar-se)	ทำผิด	tham phìt
escolher (vt)	เลือก	lêuak
esconder (vt)	ซ่อน	sôrn
escrever (vt)	เขียน	khĭan
esperar (aguardar)	รอ	ror
esperar (ter esperança)	หวัง	wăng
esquecer (vt)	ลืม	leum
estudar (vt)	เรียน	rian
exigir (vt)	เรียกร้อง	rîak rórng
existir (vi)	มีอยู	mee yòo
explicar (vt)	อธิบาย	à-thí-baai
falar (vi)	พูด	phôot
faltar (a la escuela, etc.)	พลาด	phlâat
fazer (vt)	ทำ	tham
ficar em silêncio	นิ่งเงียบ	nîng ngîap
gabar-se (vr)	โออวด	ôh ùat
gostar (apreciar)	ชอบ	chôrp
gritar (vi)	ตะโกน	dtà-gohn
guardar (fotos, etc.)	รักษา	rák-săa
informar (vt)	แจง	jâeng
insistir (vi)	ยืนยัน	yeun yan
insultar (vt)	ดูถูก	doo thòok
interessar-se (vr)	สนใจใน	sŏn jai nai
ir (a pé)	ไป	bpai
ir nadar	ไปว่ายน้ำ	bpai wâai náam
jantar (vi)	ทานอาหารเย็น	thaan aa-hăan yen

10. Os verbos mais importantes. Parte 3

ler (vt)	อ่าน	àan
libertar, liberar (vt)	ปลดปล่อย	bplòt bplòi

matar (vt)	ฆ่า	khâa
mencionar (vt)	กล่าวถึง	glàao thĕung
mostrar (vt)	แสดง	sà-daeng

mudar (modificar)	เปลี่ยน	bplìan
nadar (vi)	ว่ายน้ำ	wâai náam
negar-se a … (vr)	ปฏิเสธ	bpà-dtì-sàyt
objetar (vt)	คาน	kháan

observar (vt)	สังเกตการณ์	săng-gàyt gaan
ordenar (mil.)	สั่งการ	sàng gaan
ouvir (vt)	ได้ยิน	dâai yin
pagar (vt)	จ่าย	jàai
parar (vi)	หยุด	yùt

parar, cessar (vt)	หยุด	yùt
participar (vi)	มีส่วนร่วม	mee sùan rûam
pedir (comida, etc.)	สั่ง	sàng
pedir (um favor, etc.)	ขอ	khŏr
pegar (tomar)	เอา	ao

pegar (uma bola)	จับ	jàp
pensar (vi, vt)	คิด	khít
perceber (ver)	สังเกต	săng-gàyt
perdoar (vt)	ให้อภัย	hâi a-phai
perguntar (vt)	ถาม	thăam

permitir (vt)	อนุญาต	a-nú-yâat
pertencer a … (vi)	เป็นของของ…	bpen khŏrng khŏrng…
planejar (vt)	วางแผน	waang phăen
poder (~ fazer algo)	สามารถ	săa-mâat
possuir (uma casa, etc.)	เป็นเจ้าของ	bpen jâo khŏrng

preferir (vt)	ชอบ	chôrp
preparar (vt)	ทำอาหาร	tham aa-hăan
prever (vt)	คาดหวัง	khâat wăng
prometer (vt)	สัญญา	săn-yaa
pronunciar (vt)	ออกเสียง	òrk sĭang

propor (vt)	เสนอ	sà-nĕr
punir (castigar)	ลงโทษ	long thôht
quebrar (vt)	แตก	dtàek
queixar-se de …	บ่น	bòn
querer (desejar)	ต้องการ	dtôrng gaan

11. Os verbos mais importantes. Parte 4

ralhar, repreender (vt)	ดุด่า	dù dàa
recomendar (vt)	แนะนำ	náe nam
repetir (dizer outra vez)	ซ้ำ	sám
reservar (~ um quarto)	จอง	jorng
responder (vt)	ตอบ	dtòrp
rezar, orar (vi)	ภาวนา	phaa-wá-naa
rir (vi)	หัวเราะ	hŭa rór

roubar (vt)	ขูโมย	khà-moi
saber (vt)	รู้	róo
sair (~ de casa)	ออกไป	òrk bpai
salvar (resgatar)	กู้	gôo
seguir (~ alguém)	ไปตาม...	bpai dtaam...
sentar-se (vr)	นั่ง	nâng
ser necessário	ต้องการ	dtôrng gaan
ser, estar	เป็น	bpen
significar (vt)	หมาย	măai
sorrir (vi)	ยิ้ม	yím
subestimar (vt)	ดูถูก	doo thòok
surpreender-se (vr)	ประหลาดใจ	bprà-làat jai
tentar (~ fazer)	พยายาม	phá-yaa-yaam
ter (vt)	มี	mee
ter fome	หิว	hĭw
ter medo	กลัว	glua
ter sede	กระหายน้ำ	grà-hăai náam
tocar (com as mãos)	แตะต้อง	dtàe dtôrng
tomar café da manhã	ทานอาหารเช้า	thaan aa-hăan cháo
trabalhar (vi)	ทำงาน	tham ngaan
traduzir (vt)	แปล	bplae
unir (vt)	สมาน	sà-măan
vender (vt)	ขาย	khăai
ver (vt)	เห็น	hĕn
virar (~ para a direita)	เลี้ยว	líeow
voar (vi)	บิน	bin

12. Cores

cor (f)	สี	sĕe
tom (m)	สีอ่อน	sĕe òrn
tonalidade (m)	สีสัน	sĕe săn
arco-íris (m)	สายรุ้ง	săai rúng
branco (adj)	สีขาว	sĕe khăao
preto (adj)	สีดำ	sĕe dam
cinza (adj)	สีเทา	sĕe thao
verde (adj)	สีเขียว	sĕe khĭeow
amarelo (adj)	สีเหลือง	sĕe lĕuang
vermelho (adj)	สีแดง	sĕe daeng
azul (adj)	สีน้ำเงิน	sĕe nám ngern
azul claro (adj)	สีฟ้า	sĕe fáa
rosa (adj)	สีชมพู	sĕe chom-poo
laranja (adj)	สีส้ม	sĕe sôm
violeta (adj)	สีม่วง	sĕe mûang
marrom (adj)	สีน้ำตาล	sĕe nám dtaan
dourado (adj)	สีทอง	sĕe thorng

prateado (adj)	สีเงิน	sĕe ngern
bege (adj)	สีน้ำตาลอ่อน	sĕe nám dtaan òrn
creme (adj)	สีครีม	sĕe khreem
turquesa (adj)	สีเขียวแกม น้ำเงิน	sĕe khĭeow gaem náam ngern
vermelho cereja (adj)	สีแดงเชอร์รี่	sĕe daeng cher-rêe
lilás (adj)	สีม่วงอ่อน	sĕe mûang-òrn
carmim (adj)	สีแดงเข้ม	sĕe daeng khâym
claro (adj)	อ่อน	òrn
escuro (adj)	แก่	gàe
vivo (adj)	สด	sòt
de cor	สี	sĕe
a cores	สี	sĕe
preto e branco (adj)	ขาวดำ	khăao-dam
unicolor (de uma só cor)	สีเดียว	sĕe dieow
multicolor (adj)	หลากสี	làak sĕe

13. Questões

Quem?	ใคร?	khrai
O que?	อะไร?	a-rai
Onde?	ที่ไหน?	thêe năi
Para onde?	ที่ไหน?	thêe năi
De onde?	จากที่ไหน?	jàak thêe năi
Quando?	เมื่อไหร่?	mêua rài
Para quê?	ทำไม?	tham-mai
Por quê?	ทำไม?	tham-mai
Para quê?	เพื่ออะไร?	phêua a-rai
Como?	อย่างไร?	yàang rai
Qual (~ é o problema?)	อะไร?	a-rai
Qual (~ deles?)	ไหน?	năi
A quem?	สำหรับใคร?	săm-ràp khrai
De quem?	เกี่ยวกับใคร?	gìeow gàp khrai
Do quê?	เกี่ยวกับอะไร?	gìeow gàp a-rai
Com quem?	กับใคร?	gàp khrai
Quantos? -as?	กี่...?	gèe...?
Quanto?	เท่าไหร่?	thâo rài
De quem? (masc.)	ของใคร?	khŏrng khrai

14. Palavras funcionais. Advérbios. Parte 1

Onde?	ที่ไหน?	thêe năi
aqui	ที่นี่	thêe nêe
lá, ali	ที่นั่น	thêe nân
em algum lugar	ที่ใดที่หนึ่ง	thêe dai thêe nèung
em lugar nenhum	ไม่มีที่ไหน	mâi mee thêe năi

perto de ...	ข้าง	khâang
perto da janela	ข้างหน้าต่าง	khâang nâa dtàang
Para onde?	ที่ไหน?	thêe nǎi
aqui	ที่นี่	thêe nêe
para lá	ที่นั่น	thêe nân
daqui	จากที่นี่	jàak thêe nêe
de lá, dali	จากที่นั่น	jàak thêe nân
perto	ใกล้	glâi
longe	ไกล	glai
perto de ...	ใกล้	glâi
à mão, perto	ใกล้ๆ	glâi glâi
não fica longe	ไม่ไกล	mâi glai
esquerdo (adj)	ซ้าย	sáai
à esquerda	ข้างซ้าย	khâang sáai
para a esquerda	ซ้าย	sáai
direito (adj)	ขวา	khwǎa
à direita	ข้างขวา	khâang kwǎa
para a direita	ขวา	khwǎa
em frente	ข้างหน้า	khâang nâa
da frente	หน้า	nâa
adiante (para a frente)	หน้า	nâa
atrás de ...	ข้างหลัง	khâang lǎng
de trás	จากข้างหลัง	jàak khâang lǎng
para trás	หลัง	lǎng
meio (m), metade (f)	กลาง	glaang
no meio	ตรงกลาง	dtrorng glaang
do lado	ข้าง	khâang
em todo lugar	ทุกที่	thúk thêe
por todos os lados	รอบ	rôrp
de dentro	จากข้างใน	jàak khâang nai
para algum lugar	ที่ไหน	thêe nǎi
diretamente	ตรงไป	dtrorng bpai
de volta	กลับ	glàp
de algum lugar	จากที่ใด	jàak thêe dai
de algum lugar	จากที่ใด	jàak thêe dai
em primeiro lugar	ข้อที่หนึ่ง	khôr thêe nèung
em segundo lugar	ข้อที่สอง	khôr thêe sǒrng
em terceiro lugar	ข้อที่สาม	khôr thêe sǎam
de repente	ในทันที	nai than thee
no início	ตอนแรก	dtorn-râek
pela primeira vez	เป็นครั้งแรก	bpen khráng râek
muito antes de ...	นานก่อน	naan gòrn
de novo	ใหม่	mài

para sempre	ให้จบสิ้น	hâi jòp sîn
nunca	ไม่เคย	mâi khoie
de novo	อีกครั้งหนึ่ง	èek khráng nèung
agora	ตอนนี้	dtorn-née
frequentemente	บ่อย	bòi
então	เวลานั้น	way-laa nán
urgentemente	อย่างเร่งด่วน	yàang râyng dùan
normalmente	มักจะ	mák jà

a propósito, ...	อนึ่ง	à-nèung
é possível	เป็นไปได้	bpen bpai dâai
provavelmente	อาจจะ	àat jà
talvez	อาจจะ	àat jà
além disso, ...	นอกจากนั้น...	nôrk jàak nán...
por isso ...	นั่นเป็นเหตุผลที่...	nân bpen hàyt phŏn thêe...
apesar de ...	แม้ว่า...	máe wâa...
graças a ...	เนื่องจาก...	nêuang jàak...

que (pron.)	อะไร	a-rai
que (conj.)	ที่	thêe
algo	อะไร	a-rai
alguma coisa	อะไรก็ตาม	a-rai gôr dtaam
nada	ไม่มีอะไร	mâi mee a-rai

quem	ใคร	khrai
alguém (~ que ...)	บางคน	baang khon
alguém (com ~)	บางคน	baang khon

ninguém	ไม่มีใคร	mâi mee khrai
para lugar nenhum	ไม่ไปไหน	mâi bpai năi
de ninguém	ไม่เป็นของของใคร	mâi bpen khŏrng khŏrng khrai
de alguém	ของคนหนึ่ง	khŏrng khon nèung

tão	มาก	mâak
também (gostaria ~ de ...)	ด้วย	dûay
também (~ eu)	ด้วย	dûay

15. Palavras funcionais. Advérbios. Parte 2

Por quê?	ทำไม?	tham-mai
por alguma razão	เพราะเหตุผลอะไร	phrór hàyt phŏn à-rai
porque ...	เพราะว่า...	phrór wâa
por qualquer razão	ด้วยจุดประสงค์อะไร	dûay jùt bprà-sŏng a-rai

e (tu ~ eu)	และ	láe
ou (ser ~ não ser)	หรือ	rĕu
mas (porém)	แต่	dtàe
para (~ a minha mãe)	สำหรับ	săm-ràp

muito, demais	เกินไป	gern bpai
só, somente	เท่านั้น	thâo nán
exatamente	ตรง	dtrorng
cerca de (~ 10 kg)	ประมาณ	bprà-maan

aproximadamente	ประมาณ	bprà-maan
aproximado (adj)	ประมาณ	bprà-maan
quase	เกือบ	gèuap
resto (m)	ที่เหลือ	thêe lĕua

o outro (segundo)	อีก	èek
outro (adj)	อื่น	èun
cada (adj)	ทุก	thúk
qualquer (adj)	ใดๆ	dai dai
muitos, muitas	หลาย	lăai
muito	มาก	mâak
muitas pessoas	หลายคน	lăai khon
todos	ทุกๆ	thúk thúk

em troca de ...	ที่จะเปลี่ยนเป็น	thêe jà bplìan bpen
em troca	แทน	thaen
à mão	ใช้มือ	chái meu
pouco provável	แทบจะไม่	thâep jà mâi

provavelmente	อาจจะ	àat jà
de propósito	โดยเจตนา	doi jàyt-dtà-naa
por acidente	บังเอิญ	bang-ern

muito	มาก	mâak
por exemplo	ยกตัวอย่าง	yók dtua yàang
entre	ระหว่าง	rá-wàang
entre (no meio de)	ทามกลาง	tâam-glaang
tanto	มากมาย	mâak maai
especialmente	โดยเฉพาะ	doi chà-phór

Conceitos básicos. Parte 2

16. Opostos

rico (adj)	รวย	ruay
pobre (adj)	จน	jon
doente (adj)	เจ็บป่วย	jèp bpùay
bem (adj)	สบายดี	sà-baai dee
grande (adj)	ใหญ่	yài
pequeno (adj)	เล็ก	lék
rapidamente	อย่างเร็ว	yàang reo
lentamente	อย่างช้า	yàang cháa
rápido (adj)	เร็ว	reo
lento (adj)	ช้า	cháa
alegre (adj)	ยินดี	yin dee
triste (adj)	เสียใจ	sĭa jai
juntos (ir ~)	ด้วยกัน	dûay gan
separadamente	ตางหาก	dtàang hàak
em voz alta (ler ~)	ออกเสียง	òrk sĭang
para si (em silêncio)	อยางเงียบๆ	yàang ngîap ngîap
alto (adj)	สูง	sŏong
baixo (adj)	ต่ำ	dtàm
profundo (adj)	ลึก	léuk
raso (adj)	ตื้น	dtêun
sim	ใช่	châi
não	ไม่ใช่	mâi châi
distante (adj)	ไกล	glai
próximo (adj)	ใกล	glâi
longe	ไกล	glai
à mão, perto	ใกลๆ	glâi glâi
longo (adj)	ยาว	yaao
curto (adj)	สั้น	sân
bom (bondoso)	ใจดี	jai dee
mal (adj)	เลวราย	leo ráai
casado (adj)	แต่งงานแล้ว	dtàeng ngaan láew

solteiro (adj)	เป็นโสด	bpen sòht
proibir (vt)	ห้าม	hâam
permitir (vt)	อนุญาต	a-nú-yâat
fim (m)	จบ	jòp
início (m)	จุดเริ่มต้น	jùt rêrm-dtôn
esquerdo (adj)	ซ้าย	sáai
direito (adj)	ขวา	khwăa
primeiro (adj)	แรก	râek
último (adj)	สุดท้าย	sùt tháai
crime (m)	อาชญากรรม	àat-yaa-gam
castigo (m)	การลงโทษ	gaan long thôht
ordenar (vt)	สั่ง	sàng
obedecer (vt)	เชื่อฟัง	chêua fang
reto (adj)	ตรง	dtrorng
curvo (adj)	โค้ง	khóhng
paraíso (m)	สวรรค์	sà-wăn
inferno (m)	นรก	ná-rók
nascer (vi)	เกิด	gèrt
morrer (vi)	ตาย	dtaai
forte (adj)	แข็งแรง	khăeng raeng
fraco, débil (adj)	ออนแอ	òrn ae
velho, idoso (adj)	แก่	gàe
jovem (adj)	หนุ่ม	nùm
velho (adj)	เก่าแก่	gào gàe
novo (adj)	ใหม่	mài
duro (adj)	แข็ง	khăeng
macio (adj)	ออน	òrn
quente (adj)	อุ่น	ùn
frio (adj)	หนาว	năao
gordo (adj)	อ้วน	ûan
magro (adj)	ผอม	phŏrm
estreito (adj)	แคบ	khâep
largo (adj)	กว้าง	gwâang
bom (adj)	ดี	dee
mau (adj)	ไม่ดี	mâi dee
valente, corajoso (adj)	กล้าหาญ	glâa hăan
covarde (adj)	ขี้ขลาด	khêe khlàat

17. Dias da semana

segunda-feira (f)	วันจันทร์	wan jan
terça-feira (f)	วันอังคาร	wan ang-khaan
quarta-feira (f)	วันพุธ	wan phút
quinta-feira (f)	วันพฤหัสบดี	wan phá-réu-hàt-sà-bor-dee
sexta-feira (f)	วันศุกร์	wan sùk
sábado (m)	วันเสาร์	wan săo
domingo (m)	วันอาทิตย์	wan aa-thít
hoje	วันนี้	wan née
amanhã	พรุ่งนี้	phrûng-née
depois de amanhã	วันมะรืนนี้	wan má-reun née
ontem	เมื่อวานนี้	mêua waan née
anteontem	เมื่อวานซืนนี้	mêua waan-seun née
dia (m)	วัน	wan
dia (m) de trabalho	วันทำงาน	wan tham ngaan
feriado (m)	วันนักขัตฤกษ์	wan nák-khàt-rêrk
dia (m) de folga	วันหยุด	wan yùt
fim (m) de semana	วันสุดสัปดาห์	wan sùt sàp-daa
o dia todo	ทั้งวัน	tháng wan
no dia seguinte	วันรุ่งขึ้น	wan rûng khêun
há dois dias	สองวันก่อน	sŏrng wan gòrn
na véspera	วันก่อนหน้านี้	wan gòrn nâa née
diário (adj)	รายวัน	raai wan
todos os dias	ทุกวัน	thúk wan
semana (f)	สัปดาห์	sàp-daa
na semana passada	สัปดาห์ก่อน	sàp-daa gòrn
semana que vem	สัปดาห์หน้า	sàp-daa nâa
semanal (adj)	รายสัปดาห์	raai sàp-daa
toda semana	ทุกสัปดาห์	thúk sàp-daa
duas vezes por semana	สัปดาห์ละสองครั้ง	sàp-daa lá sŏrng khráng
toda terça-feira	ทุกวันอังคาร	túk wan ang-khaan

18. Horas. Dia e noite

manhã (f)	เช้า	cháo
de manhã	ตอนเช้า	dtorn cháo
meio-dia (m)	เที่ยงวัน	thîang wan
à tarde	ตอนบาย	dtorn bàai
tardinha (f)	เย็น	yen
à tardinha	ตอนเย็น	dtorn yen
noite (f)	คืน	kheun
à noite	กลางคืน	glaang kheun
meia-noite (f)	เที่ยงคืน	thîang kheun
segundo (m)	วินาที	wí-naa-thee
minuto (m)	นาที	naa-thee
hora (f)	ชั่วโมง	chûa mohng

meia hora (f)	ครึ่งชั่วโมง	khrêung chûa mohng
quarto (m) de hora	สิบหานาที	sìp hâa naa-thee
quinze minutos	สิบหานาที	sìp hâa naa-thee
vinte e quatro horas	24 ชั่วโมง	yêe sìp sèe · chûa mohng

nascer (m) do sol	พระอาทิตย์ขึ้น	phrá aa-thít khêun
amanhecer (m)	ใกล้รุ่ง	glâi rûng
madrugada (f)	เช้า	cháo
pôr-do-sol (m)	พระอาทิตย์ตก	phrá aa-thít dtòk

de madrugada	ตอนเช้า	dtorn cháo
esta manhã	เช้านี้	cháo née
amanhã de manhã	พรุ่งนี้เช้า	phrûng-née cháo

esta tarde	บ่ายนี้	bàai née
à tarde	ตอนบ่าย	dtorn bàai
amanhã à tarde	พรุ่งนี้บ่าย	phrûng-née bàai

| esta noite, hoje à noite | คืนนี้ | kheun née |
| amanhã à noite | คืนพรุ่งนี้ | kheun phrûng-née |

às três horas em ponto	3 โมงตรง	sǎam mohng dtrorng
por volta das quatro	ประมาณ 4 โมง	bprà-maan sèe mohng
às doze	ภายใน 12 โมง	phaai nai sìp sǒng mohng

em vinte minutos	อีก 20 นาที	èek yêe sìp naa-thee
em uma hora	อีกหนึ่งชั่วโมง	èek nèung chûa mohng
a tempo	ทันเวลา	than way-laa

… um quarto para	อีกสิบห้านาที	èek sìp hâa naa-thee
dentro de uma hora	ภายในหนึ่งชั่วโมง	phaai nai nèung chûa mohng
a cada quinze minutos	ทุก 15 นาที	thúk sìp hâa naa-thee
as vinte e quatro horas	ทั้งวัน	tháng wan

19. Meses. Estações

janeiro (m)	มกราคม	mók-gà-raa khom
fevereiro (m)	กุมภาพันธ์	gum-phaa phan
março (m)	มีนาคม	mee-naa khom
abril (m)	เมษายน	may-sǎa-yon
maio (m)	พฤษภาคม	phréut-sà-phaa khom
junho (m)	มิถุนายน	mí-thù-naa-yon

julho (m)	กรกฎาคม	gà-rá-gà-daa-khom
agosto (m)	สิงหาคม	sǐng hǎa khom
setembro (m)	กันยายน	gan-yaa-yon
outubro (m)	ตุลาคม	dtù-laa khom
novembro (m)	พฤศจิกายน	phréut-sà-jì-gaa-yon
dezembro (m)	ธันวาคม	than-waa khom

primavera (f)	ฤดูใบไม้ผลิ	réu-doo bai máai phlì
na primavera	ฤดูใบไม้ผลิ	réu-doo bai máai phlì
primaveril (adj)	ฤดูใบไม้ผลิ	réu-doo bai máai phlì
verão (m)	ฤดูร้อน	réu-doo rórn

no verão	ฤดูร้อน	réu-doo rórn
de verão	ฤดูรอน	réu-doo rórn
outono (m)	ฤดูใบไม้ร่วง	réu-doo bai máai rûang
no outono	ฤดูใบไม้ร่วง	réu-doo bai máai rûang
outonal (adj)	ฤดูใบไมรวง	réu-doo bai máai rûang
inverno (m)	ฤดูหนาว	réu-doo năao
no inverno	ฤดูหนาว	réu-doo năao
de inverno	ฤดูหนาว	réu-doo năao
mês (m)	เดือน	deuan
este mês	เดือนนี้	deuan née
mês que vem	เดือนหน้า	deuan nâa
no mês passado	เดือนที่แลว	deuan thêe láew
um mês atrás	หนึ่งเดือนก่อนหน้านี้	nèung deuan gòrn nâa née
em um mês	อีกหนึ่งเดือน	èek nèung deuan
em dois meses	อีกสองเดือน	èek sŏrng deuan
todo o mês	ทั้งเดือน	tháng deuan
um mês inteiro	ตลอดทั้งเดือน	dtà-lòrt tháng deuan
mensal (adj)	รายเดือน	raai deuan
mensalmente	ทุกเดือน	thúk deuan
todo mês	ทุกเดือน	thúk deuan
duas vezes por mês	เดือนละสองครั้ง	deuan lá sŏrng kráng
ano (m)	ปี	bpee
este ano	ปีนี้	bpee née
ano que vem	ปีหน้า	bpee nâa
no ano passado	ปีที่แลวๆ	bpee thêe láew
há um ano	หนึ่งปีก่อน	nèung bpee gòrn
em um ano	อีกหนึ่งปี	èek nèung bpee
dentro de dois anos	อีกสองปี	èek sŏng bpee
todo o ano	ทั้งปี	tháng bpee
um ano inteiro	ตลอดทั้งปี	dtà-lòrt tháng bpee
cada ano	ทุกปี	thúk bpee
anual (adj)	รายปี	raai bpee
anualmente	ทุกปี	thúk bpee
quatro vezes por ano	ปีละสี่ครั้ง	bpee lá sèe khráng
data (~ de hoje)	วันที่	wan thêe
data (ex. ~ de nascimento)	วันเดือนปี	wan deuan bpee
calendário (m)	ปฏิทิน	bpà-dtì-thin
meio ano	ครึ่งปี	khrêung bpee
seis meses	หกเดือน	hòk deuan
estação (f)	ฤดูกาล	réu-doo gaan
século (m)	ศตวรรษ	sà-dtà-wát

20. Tempo. Diversos

tempo (m)	เวลา	way-laa
momento (m)	ครู่หนึ่ง	khrôo nèung

instante (m)	ครู่เดียว	khrôo dieow
instantâneo (adj)	เพียงครู่เดียว	phiang khrôo dieow
lapso (m) de tempo	ช่วงเวลา	chûang way-laa
vida (f)	ชีวิต	chee-wít
eternidade (f)	ตลอดกาล	dtà-lòrt gaan
época (f)	สมัย	sà-măi
era (f)	ยุค	yúk
ciclo (m)	วัฏจักร	wát-dtà-jàk
período (m)	ช่วง	chûang
prazo (m)	ระยะเวลา	rá-yá way-laa
futuro (m)	อนาคต	a-naa-khót
futuro (adj)	อนาคต	a-naa-khót
da próxima vez	ครั้งหน้า	khráng nâa
passado (m)	อดีต	a-dèet
passado (adj)	ที่ผ่านมา	thêe phàan maa
na última vez	ครั้งที่แล้ว	khráng thêe láew
mais tarde	ภายหลัง	phaai lăng
depois de ...	หลังจาก	lăng jàak
atualmente	เวลานี้	way-laa née
agora	ตอนนี้	dtorn-née
imediatamente	ทันที	than thee
em breve	อีกไม่นาน	èek mâi naan
de antemão	ล่วงหน้า	lûang nâa
há muito tempo	นานมาแล้ว	naan maa láew
recentemente	เมื่อเร็ว ๆ นี้	mêua reo reo née
destino (m)	ชะตากรรม	chá-dtaa gam
recordações (f pl)	ความทรงจำ	khwaam song jam
arquivo (m)	จดหมายเหตุ	jòt măai hàyt
durante ...	ระหว่าง...	rá-wàang...
durante muito tempo	นาน	naan
pouco tempo	ไม่นาน	mâi naan
cedo (levantar-se ~)	ล่วงหน้า	lûang nâa
tarde (deitar-se ~)	ช้า	cháa
para sempre	ตลอดกาล	dtà-lòrt gaan
começar (vt)	เริ่ม	rêrm
adiar (vt)	เลื่อน	lêuan
ao mesmo tempo	ในเวลาเดียวกัน	nai way-laa dieow gan
permanentemente	อย่างถาวร	yàang thăa-won
constante (~ ruído, etc.)	ต่อเนื่อง	dtòr nêuang
temporário (adj)	ชั่วคราว	chûa khraao
às vezes	บางครั้ง	baang khráng
raras vezes, raramente	ไม่บ่อย	mâi bòi
frequentemente	บ่อย	bòi

21. Linhas e formas

quadrado (m)	สี่เหลี่ยมจัตุรัส	sèe lìam jàt-dtù-ràt
quadrado (adj)	สี่เหลี่ยมจัตุรัส	sèe lìam jàt-dtù-ràt

círculo (m)	วงกลม	wong glom
redondo (adj)	กลม	glom
triângulo (m)	รูปสามเหลี่ยม	rôop săam lìam
triangular (adj)	สามเหลี่ยม	săam lìam
oval (f)	รูปกลมรี	rôop glom ree
oval (adj)	กลมรี	glom ree
retângulo (m)	สี่เหลี่ยมมุมฉาก	sèe lìam mum chàak
retangular (adj)	สี่เหลี่ยมมุมฉาก	sèe lìam mum chàak
pirâmide (f)	พีระมิด	phee-rá-mít
losango (m)	รูปสี่เหลี่ยม	rôop sèe lìam
	ขนมเปียกปูน	khà-nŏm bpìak bpoon
trapézio (m)	รูปสี่เหลี่ยมคางหมู	rôop sèe lìam khaang mŏo
cubo (m)	ลูกบาศก์	lôok bàat
prisma (m)	ปริซึม	bprì seum
circunferência (f)	เส้นรอบวง	sên rôrp wong
esfera (f)	ทรงกลม	song glom
globo (m)	ลูกกลม	lôok glom
diâmetro (m)	เส้นผ่านศูนย์กลาง	sên phàan sŏon-glaang
raio (m)	เส้นรัศมี	sên rát-sà-mĕe
perímetro (m)	เส้นรอบวง	sên rôrp wong
centro (m)	กลาง	glaang
horizontal (adj)	แนวนอน	naew norn
vertical (adj)	แนวตั้ง	naew dtâng
paralela (f)	เส้นขนาน	sên khà-năan
paralelo (adj)	ขนาน	khà-năan
linha (f)	เส้น	sên
traço (m)	เส้น	sên
reta (f)	เส้นตรง	sên dtrorng
curva (f)	เส้นโค้ง	sên khóhng
fino (linha ~a)	บาง	baang
contorno (m)	เส้นขอบ	sâyn khòrp
interseção (f)	เส้นตัด	sên dtàt
ângulo (m) reto	มุมฉาก	mum chàak
segmento (m)	เซกเมนต์	sâyk-mayn
setor (m)	เซกเตอร์	sâyk-dtêr
lado (de um triângulo, etc.)	ข้าง	khâang
ângulo (m)	มุม	mum

22. Unidades de medida

peso (m)	น้ำหนัก	nám nàk
comprimento (m)	ความยาว	khwaam yaao
largura (f)	ความกว้าง	khwaam gwâang
altura (f)	ความสูง	khwaam sŏong
profundidade (f)	ความลึก	khwaam léuk
volume (m)	ปริมาณ	bpà-rí-maan
área (f)	บริเวณ	bor-rí-wayn
grama (m)	กรัม	gram

miligrama (m)	มิลลิกรัม	min-lí gram
quilograma (m)	กิโลกรัม	gì-loh gram
tonelada (f)	ตัน	dtan
libra (453,6 gramas)	ปอนด์	bporn
onça (f)	ออนซ์	orn
metro (m)	เมตร	máyt
milímetro (m)	มิลลิเมตร	min-lí mâyt
centímetro (m)	เซ็นติเมตร	sen dtì mâyt
quilômetro (m)	กิโลเมตร	gì-loh máyt
milha (f)	ไมล์	mai
polegada (f)	นิ้ว	níw
pé (304,74 mm)	ฟุต	fút
jarda (914,383 mm)	หลา	lăa
metro (m) quadrado	ตารางเมตร	dtaa-raang máyt
hectare (m)	เฮกตาร์	hêek dtaa
litro (m)	ลิตร	lít
grau (m)	องศา	ong-săa
volt (m)	โวลต์	wohn
ampère (m)	แอมแปร์	aem-bpae
cavalo (m) de potência	แรงม้า	raeng máa
quantidade (f)	จำนวน	jam-nuan
um pouco de …	นิดหน่อย	nít nói
metade (f)	ครึ่ง	khrêung
dúzia (f)	โหล	lŏh
peça (f)	สวน	sùan
tamanho (m), dimensão (f)	ขนาด	khà-nàat
escala (f)	มาตราส่วน	mâat-dtraa sùan
mínimo (adj)	น้อยที่สุด	nói thêe sùt
menor, mais pequeno	เล็กที่สุด	lék thêe sùt
médio (adj)	กลาง	glaang
máximo (adj)	สูงสุด	sŏong sùt
maior, mais grande	ใหญ่ที่สุด	yài têe sùt

23. Recipientes

pote (m) de vidro	ขวดโหล	khùat lŏh
lata (~ de cerveja)	กระป๋อง	grà-bpŏrng
balde (m)	ถัง	thăng
barril (m)	ถัง	thăng
bacia (~ de plástico)	กะทะ	gà-thá
tanque (m)	ถังเก็บน้ำ	thăng gèp nám
cantil (m) de bolso	กระติกน้ำ	grà-dtìk nám
galão (m) de gasolina	ภาชนะ	phaa-chá-ná
cisterna (f)	ถังบรรจุ	thăng ban-jù
caneca (f)	แกว	gâew
xícara (f)	ถ้วย	thûay

pires (m)	จานรอง	jaan rorng
copo (m)	แก้ว	gâew
taça (f) de vinho	แก้วไวน์	gâew wai
panela (f)	หม้อ	môr
garrafa (f)	ขวด	khùat
gargalo (m)	ปาก	bpàak
jarra (f)	คนโท	khon-thoh
jarro (m)	เหยือก	yèuak
recipiente (m)	ภาชนะ	phaa-chá-ná
pote (m)	หม้อ	môr
vaso (m)	แจกัน	jae-gan
frasco (~ de perfume)	กระติก	grà-dtìk
frasquinho (m)	ขวดเล็ก	khùat lék
tubo (m)	หลอด	lòrt
saco (ex. ~ de açúcar)	ถุง	thǔng
sacola (~ plastica)	ถุง	thǔng
maço (de cigarros, etc.)	ซอง	sorng
caixa (~ de sapatos, etc.)	กล่อง	glòrng
caixote (~ de madeira)	ลัง	lang
cesto (m)	ตะกร้า	dtà-grâa

24. Materiais

material (m)	วัสดุ	wát-sà-dù
madeira (f)	ไม้	máai
de madeira	ไม้	máai
vidro (m)	แก้ว	gâew
de vidro	แกว	gâew
pedra (f)	หิน	hǐn
de pedra	หิน	hǐn
plástico (m)	พลาสติก	pláat-dtìk
plástico (adj)	พลาสติก	pláat-dtìk
borracha (f)	ยาง	yaang
de borracha	ยาง	yaang
tecido, pano (m)	ผ้า	phâa
de tecido	ผา	phâa
papel (m)	กระดาษ	grà-dàat
de papel	กระดาษ	grà-dàat
papelão (m)	กระดาษแข็ง	grà-dàat khǎeng
de papelão	กระดาษแข็ง	grà-dàat khǎeng
polietileno (m)	โพลีเอทิลีน	phoh-lee-ay-thí-leen
celofane (m)	เซลโลเฟน	sayn loh-fayn

linóleo (m)	เสื้อน้ำมัน	sèua náam man
madeira (f) compensada	ไม้อัด	máai àt
porcelana (f)	เครื่องเคลือบดินเผา	khrêuang khlêuap din phǎo
de porcelana	เครื่องเคลือบดินเผา	khrêuang khlêuap din phǎo
argila (f), barro (m)	ดินเหนียว	din nǐeow
dè barro	ดินเหนียว	din nǐeow
cerâmica (f)	เซรามิก	say-raa mík
de cerâmica	เซรามิก	say-raa mík

25. Metais

metal (m)	โลหะ	loh-hà
metálico (adj)	โลหะ	loh-hà
liga (f)	โลหะสัมฤทธิ์	loh-hà sǎm-rít
ouro (m)	ทอง	thorng
de ouro	ทอง	thorng
prata (f)	เงิน	ngern
de prata	เงิน	ngern
ferro (m)	เหล็ก	lèk
de ferro	เหล็ก	lèk
aço (m)	เหล็กกล้า	lèk glâa
de aço (adj)	เหล็กกลา	lèk glâa
cobre (m)	ทองแดง	thorng daeng
de cobre	ทองแดง	thorng daeng
alumínio (m)	อะลูมิเนียม	a-loo-mí-niam
de alumínio	อะลูมิเนียม	a-loo-mí-niam
bronze (m)	ทองบรอนซ์	thorng-bron
de bronze	ทองบรอนซ์	thorng-bron
latão (m)	ทองเหลือง	thorng lěuang
níquel (m)	นิกเกิล	ník-gêrn
platina (f)	ทองคำขาว	thorng kham khǎao
mercúrio (m)	ปรอท	bpa -ròrt
estanho (m)	ดีบุก	dee-bùk
chumbo (m)	ตะกั่ว	dtà-gùa
zinco (m)	สังกะสี	sǎng-gà-sěe

O SER HUMANO

O ser humano. O corpo

26. Humanos. Conceitos básicos

ser (m) humano	มนุษย์	má-nút
homem (m)	ผู้ชาย	phôo chaai
mulher (f)	ผู้หญิง	phôo yǐng
criança (f)	เด็ก, ลูก	dèk, lôok
menina (f)	เด็กผู้หญิง	dèk phôo yǐng
menino (m)	เด็กผู้ชาย	dèk phôo chaai
adolescente (m)	วัยรุ่น	wai rûn
velho (m)	ชายชรา	chaai chá-raa
velha (f)	หญิงชรา	yǐng chá-raa

27. Anatomia humana

organismo (m)	ร่างกาย	râang gaai
coração (m)	หัวใจ	hǔa jai
sangue (m)	เลือด	lêuat
artéria (f)	เส้นเลือดแดง	sâyn lêuat daeng
veia (f)	เส้นเลือดดำ	sâyn lêuat dam
cérebro (m)	สมอง	sà-mǒrng
nervo (m)	เส้นประสาท	sên bprà-sàat
nervos (m pl)	เส้นประสาท	sên bprà-sàat
vértebra (f)	กระดูกสันหลัง	grà-dòok sǎn-lǎng
coluna (f) vertebral	สันหลัง	sǎn lǎng
estômago (m)	กระเพาะอาหาร	grà phór aa-hǎan
intestinos (m pl)	ลำไส้	lam sâi
intestino (m)	ลำไส้	lam sâi
fígado (m)	ตับ	dtàp
rim (m)	ไต	dtai
osso (m)	กระดูก	grà-dòok
esqueleto (m)	โครงกระดูก	khrohng grà-dòok
costela (f)	ซี่โครง	sêe khrohng
crânio (m)	กะโหลก	gà-lòhk
músculo (m)	กล้ามเนื้อ	glâam néua
bíceps (m)	กล้ามเนื้อไบเซ็ปส์	glâam néua bai-sép
tríceps (m)	กล้ามเนื้อไทรเซปส์	gglâam néua thrai-sâyp
tendão (m)	เส้นเอ็น	sâyn en
articulação (f)	ขอตอ	khôr dtòr

pulmões (m pl)	ปอด	bpòrt
órgãos (m pl) genitais	อวัยวะเพศ	a-wai-wá phâyt
pele (f)	ผิวหนัง	phǐw nǎng

28. Cabeça

cabeça (f)	หัว	hǔa
rosto, cara (f)	หนา	nâa
nariz (m)	จมูก	jà-mòok
boca (f)	ปาก	bpàak
olho (m)	ตา	dtaa
olhos (m pl)	ตา	dtaa
pupila (f)	รูมานตา	roo mâan dtaa
sobrancelha (f)	คิ้ว	khíw
cílio (f)	ขนตา	khǒn dtaa
pálpebra (f)	เปลือกตา	bplèuak dtaa
língua (f)	ลิ้น	lín
dente (m)	ฟัน	fan
lábios (m pl)	ริมฝีปาก	rim fěe bpàak
maçãs (f pl) do rosto	โหนกแกม	nòhk gâem
gengiva (f)	เหงือก	ngèuak
palato (m)	เพดานปาก	phay-daan bpàak
narinas (f pl)	รูจมูก	roo jà-mòok
queixo (m)	คาง	khaang
mandíbula (f)	ขากรรไกร	khǎa gan-grai
bochecha (f)	แกม	gâem
testa (f)	หน้าผาก	nâa phàak
têmpora (f)	ขมับ	khà-màp
orelha (f)	หู	hǒo
costas (f pl) da cabeça	หลังศีรษะ	lǎng sěe-sà
pescoço (m)	คอ	khor
garganta (f)	ลำคอ	lam khor
cabelo (m)	ผม	phǒm
penteado (m)	ทรงผม	song phǒm
corte (m) de cabelo	ทรงผม	song phǒm
peruca (f)	ผมปลอม	phǒm bplorm
bigode (m)	หนวด	nùat
barba (f)	เครา	krao
ter (~ barba, etc.)	ลองไว้	lorng wái
trança (f)	ผมเปีย	phǒm bpia
suíças (f pl)	จอน	jorn
ruivo (adj)	ผมแดง	phǒm daeng
grisalho (adj)	ผมหงอก	phǒm ngòrk
careca (adj)	หัวล้าน	hǔa láan
calva (f)	หัวลาน	hǔa láan
rabo-de-cavalo (m)	ผมทรงหางม้า	phǒm song hǎang máa
franja (f)	ผมมา	phǒm máa

29. Corpo humano

| mão (f) | มือ | meu |
| braço (m) | แขน | khăen |

dedo (m)	นิ้ว	níw
dedo (m) do pé	นิ้วเท้า	níw tháo
polegar (m)	นิ้วโป้ง	níw bpôhng
dedo (m) mindinho	นิ้วก้อย	níw gôi
unha (f)	เล็บ	lép

punho (m)	กำปั้น	gam bpân
palma (f)	ฝ่ามือ	fàa meu
pulso (m)	ข้อมือ	khôr meu
antebraço (m)	แขนช่วงล่าง	khăen chûang lâang
cotovelo (m)	ข้อศอก	khôr sòrk
ombro (m)	ไหล่	lài

perna (f)	ขา	khăa
pé (m)	เท้า	tháo
joelho (m)	หัวเข่า	hŭa khào
panturrilha (f)	น่อง	nôrng
quadril (m)	สะโพก	sà-phôhk
calcanhar (m)	สันเท้า	sôn tháo

corpo (m)	ร่างกาย	râang gaai
barriga (f), ventre (m)	ท้อง	thórng
peito (m)	อก	òk
seio (m)	หน้าอก	nâa òk
lado (m)	ข้าง	khâang
costas (dorso)	หลัง	lăng
região (f) lombar	หลังส่วนล่าง	lăng sùan lâang
cintura (f)	เอว	eo

umbigo (m)	สะดือ	sà-deu
nádegas (f pl)	ก้น	gôn
traseiro (m)	ก้น	gôn

sinal (m), pinta (f)	ไฝเสน่ห์	făi sà-này
sinal (m) de nascença	ปาน	bpaan
tatuagem (f)	รอยสัก	roi sàk
cicatriz (f)	แผลเป็น	phlăe bpen

Vestuário & Acessórios

30. Roupa exterior. Casacos

roupa (f)	เสื้อผ้า	sêua phâa
roupa (f) exterior	เสื้อนอก	sêua nôk
roupa (f) de inverno	เสื้อกันหนาว	sêua gan năao
sobretudo (m)	เสื้อโค้ท	sêua khóht
casaco (m) de pele	เสื้อโค้ทขนสัตว์	sêua khóht khŏn sàt
jaqueta (f) de pele	แจคเก็ตขนสัตว์	jáek-gèt khŏn sàt
casaco (m) acolchoado	แจ็คเก็ตกันหนาว	jàek-gèt gan năao
casaco (m), jaqueta (f)	แจ็คเก็ต	jáek-gèt
impermeável (m)	เสื้อกันฝน	sêua gan fŏn
a prova d'água	ซึ่งกันน้ำได้	sêung gan náam dâai

31. Vestuário de homem & mulher

camisa (f)	เสื้อ	sêua
calça (f)	กางเกง	gaang-gayng
jeans (m)	กางเกงยีนส์	gaang-gayng yeen
paletó, terno (m)	แจ็คเก็ตสูท	jàek-gèt sòot
terno (m)	ชุดสูท	chút sòot
vestido (ex. ~ de noiva)	ชุดเดรส	chút draet
saia (f)	กระโปรง	grà bprohng
blusa (f)	เสื้อ	sêua
casaco (m) de malha	แจ็คเก็ตถัก	jáek-gèt thàk
casaco, blazer (m)	แจคเก็ต	jáek-gèt
camiseta (f)	เสื้อยืด	sêua yêut
short (m)	กางเกงขาสั้น	gaang-gayng khăa sân
training (m)	ชุดวอรม	chút wom
roupão (m) de banho	เสื้อคลุมอาบน้ำ	sêua khlum àap náam
pijama (m)	ชุดนอน	chút norn
suéter (m)	เสื้อไหมพรม	sêua măi phrom
pulôver (m)	เสื้อกันหนาวแบบสวม	sêua gan năao bàep sŭam
colete (m)	เสื้อกั๊ก	sêua gák
fraque (m)	เสื้อเทลโค้ต	sêua thayn-khóht
smoking (m)	ชุดทักซิโด	chút thák sí dôh
uniforme (m)	เครื่องแบบ	khrêuang bàep
roupa (f) de trabalho	ชุดทำงาน	chút tam ngaan
macacão (m)	ชุดเอี๊ยม	chút íam
jaleco (m), bata (f)	เสื้อคลุม	sêua khlum

32. Vestuário. Roupa interior

roupa (f) íntima	ชุดชั้นใน	chút chán nai
cueca boxer (f)	กางเกงในชาย	gaang-gayng nai chaai
calcinha (f)	กางเกงในสตรี	gaang-gayng nai sàt-dtree
camiseta (f)	เสื้อชั้นใน	sêua chán nai
meias (f pl)	ถุงเท้า	thǔng tháo
camisola (f)	ชุดนอนสตรี	chút norn sàt-dtree
sutiã (m)	ยกทรง	yók song
meias longas (f pl)	ถุงเท้ายาว	thǔng tháo yaao
meias-calças (f pl)	ถุงน่องเต็มตัว	thǔng nôrng dtem dtua
meias (~ de nylon)	ถุงน่อง	thǔng nôrng
maiô (m)	ชุดว่ายน้ำ	chút wâai náam

33. Adereços de cabeça

chapéu (m), touca (f)	หมวก	mùak
chapéu (m) de feltro	หมวก	mùak
boné (m) de beisebol	หมวกเบสบอล	mùak bàyt-bon
boina (~ italiana)	หมวกติงลี่	mùak dting lêe
boina (ex. ~ basca)	หมวกเบเร่ต์	mùak bay-rây
capuz (m)	ฮูด	hóot
chapéu panamá (m)	หมวกปานามา	mùak bpaa-naa-maa
touca (f)	หมวกไหมพรม	mùak mǎi phrom
lenço (m)	ผ้าโพกศีรษะ	phâa phôhk sěe-sà
chapéu (m) feminino	หมวกสตรี	mùak sàt-dtree
capacete (m) de proteção	หมวกนิรภัย	mùak ní-rá-phai
bibico (m)	หมวกหนีบ	mùak nèep
capacete (m)	หมวกกันน็อค	mùak ní-rá-phai
chapéu-coco (m)	หมวกกลมทรงสูง	mùak glom song sǒong
cartola (f)	หมวกทรงสูง	mùak song sǒong

34. Calçado

calçado (m)	รองเท้า	rorng tháo
botinas (f pl), sapatos (m pl)	รองเท้า	rorng tháo
sapatos (de salto alto, etc.)	รองเท้า	rorng tháo
botas (f pl)	รองเท้าบูท	rorng tháo bòot
pantufas (f pl)	รองเท้าแตะในบ้าน	rorng tháo dtàe nai bâan
tênis (~ Nike, etc.)	รองเท้ากีฬา	rorng tháo gee-laa
tênis (~ Converse)	รองเท้าผ้าใบ	rorng tháo phâa bai
sandálias (f pl)	รองเท้าแตะ	rorng tháo dtàe
sapateiro (m)	คนซ่อมรองเท้า	khon sôrm rorng tháo
salto (m)	ส้นรองเท้า	sôn rorng tháo

par (m)	คู่	khôo
cadarço (m)	เชือกรองเท้า	chêuak rorng tháo
amarrar os cadarços	ผูกเชือกรองเท้า	phòok chêuak rorng tháo
calçadeira (f)	ที่ชอนรองเท้า	thêe chón rorng tháo
graxa (f) para calçado	ยาขัดรองเท้า	yaa khàt rorng tháo

35. Têxtil. Tecidos

algodão (m)	ฝ้าย	fâai
de algodão	ฝ้าย	fâai
linho (m)	แฟลกซ์	fláek
de linho	แฟลกซ์	fláek
seda (f)	ไหม	măi
de seda	ไหม	măi
lã (f)	ขนสัตว์	khŏn sàt
de lã	ขนสัตว์	khŏn sàt
veludo (m)	กำมะหยี่	gam-má-yèe
camurça (f)	หนังกลับ	năng glàp
veludo (m) cotelê	ผ้าลูกฟูก	phâa lôok fôok
nylon (m)	ไนลอน	nai-lorn
de nylon	ไนลอน	nai-lorn
poliéster (m)	โพลีเอสเตอร์	poh-lee-àyt-dtêr
de poliéster	โพลีเอสเตอร์	poh-lee-àyt-dtêr
couro (m)	หนัง	năng
de couro	หนัง	năng
pele (f)	ขนสัตว์	khŏn sàt
de pele	ขนสัตว์	khŏn sàt

36. Acessórios pessoais

luva (f)	ถุงมือ	thŭng meu
mitenes (f pl)	ถุงมือ	thŭng meu
cachecol (m)	ผ้าพันคอ	phâa phan khor
óculos (m pl)	แว่นตา	wâen dtaa
armação (f)	กรอบแว่น	gròrp wâen
guarda-chuva (m)	ร่ม	rôm
bengala (f)	ไม้เท้า	máai tháo
escova (f) para o cabelo	แปรงหวีผม	bpraeng wĕe phŏm
leque (m)	พัด	phát
gravata (f)	เน็คไท	nâyk-thai
gravata-borboleta (f)	โบว์หูกระต่าย	boh hŏo grà-dtàai
suspensórios (m pl)	สายเอี่ยม	săai íam
lenço (m)	ผ้าเช็ดหน้า	phâa chét-nâa
pente (m)	หวี	wĕe
fivela (f) para cabelo	ที่หนีบผม	têe nèep phŏm

40

| grampo (m) | กิ๊บ | gíp |
| fivela (f) | หัวเข็มขัด | hǔa khěm khàt |

| cinto (m) | เข็มขัด | khěm khàt |
| alça (f) de ombro | สายกระเป๋า | sǎai grà-bpǎo |

bolsa (f)	กระเป๋า	grà-bpǎo
bolsa (feminina)	กระเป๋าถือ	grà-bpǎo thěu
mochila (f)	กระเป๋าสะพายหลัง	grà-bpǎo sà-phaai lǎng

37. Vestuário. Diversos

moda (f)	แฟชั่น	fae-chân
na moda (adj)	คานิยม	khâa ní-yom
estilista (m)	นักออกแบบแฟชั่น	nák òrk bàep fae-chân

colarinho (m)	คอปกเสื้อ	khor bpòk sêua
bolso (m)	กระเป๋า	grà-bpǎo
de bolso	กระเป๋า	grà-bpǎo
manga (f)	แขนเสื้อ	khǎen sêua
ganchinho (m)	ที่แขวนเสื้อ	thêe khwǎen sêua
bragueta (f)	ซิปกางเกง	síp gaang-gayng

zíper (m)	ซิป	síp
colchete (m)	ซิป	síp
botão (m)	กระดุม	grà dum
botoeira (casa de botão)	รูกระดุม	roo grà dum
soltar-se (vr)	หลุดออก	lùt òrk

costurar (vi)	เย็บ	yép
bordar (vt)	ปัก	bpàk
bordado (m)	ลายปัก	laai bpàk
agulha (f)	เข็มเย็บผ้า	khěm yép phâa
fio, linha (f)	เส้นด้าย	sây-dâai
costura (f)	รอยเย็บ	roi yép

sujar-se (vr)	สกปรก	sòk-gà-bpròk
mancha (f)	รอยเปื้อน	roi bpêuan
amarrotar-se (vr)	พับเป็นรอยย่น	pháp bpen roi yôn
rasgar (vt)	ฉีก	chèek
traça (f)	แมลงกินผ้า	má-laeng gin phâa

38. Cuidados pessoais. Cosméticos

pasta (f) de dente	ยาสีฟัน	yaa sěe fan
escova (f) de dente	แปรงสีฟัน	bpraeng sěe fan
escovar os dentes	แปรงฟัน	bpraeng fan

gilete (f)	มีดโกน	mêet gohn
creme (m) de barbear	ครีมโกนหนวด	khreem gohn nùat
barbear-se (vr)	โกน	gohn
sabonete (m)	สบู่	sà-bòo

xampu (m)	แชมพู	chaem-phoo
tesoura (f)	กรรไกร	gan-grai
lixa (f) de unhas	ตะไบเล็บ	dtà-bai lép
corta-unhas (m)	กรรไกรตัดเล็บ	gan-grai dtàt lép
pinça (f)	แหนบ	nàep

cosméticos (m pl)	เครื่องสำอาง	khrêuang sǎm-aang
máscara (f)	มาสก์หน้า	mâak nâa
manicure (f)	การแต่งเล็บ	gaan dtàeng lép
fazer as unhas	แต่งเล็บ	dtàeng lép
pedicure (f)	การแต่งเล็บเท้า	gaan dtàeng lép táo

bolsa (f) de maquiagem	กระเป๋าเครื่องสำอาง	grà-bpǎo khrêuang sǎm-aang
pó (de arroz)	แป้งฝุ่น	bpâeng-fùn
pó (m) compacto	ตลับแป้ง	dtà-làp bpâeng
blush (m)	แป้งทาแก้ม	bpâeng thaa gâem

perfume (m)	น้ำหอม	nám hǒrm
água-de-colônia (f)	น้ำหอมอ่อนๆ	náam hǒrm òn òn
loção (f)	โลชั่น	loh-chân
colônia (f)	โคโลญจ์	khoh-lohn

sombra (f) de olhos	อายแชโดว์	aai-chae-doh
delineador (m)	อายไลเนอร์	aai lai-ner
máscara (f), rímel (m)	มาสคารา	mâat-khaa-râa

batom (m)	ลิปสติก	líp-sà-dtìk
esmalte (m)	น้ำยาทาเล็บ	nám yaa-thaa lép
laquê (m), spray fixador (m)	สเปรย์ฉีดผม	sà-bpray chèet phǒm
desodorante (m)	ยาดับกลิ่น	yaa dàp glìn

creme (m)	ครีม	khreem
creme (m) de rosto	ครีมทาหน้า	khreem thaa nâa
creme (m) de mãos	ครีมทามือ	khreem thaa meu
creme (m) antirrugas	ครีมลดริ้วรอย	khreem lót ríw roi
creme (m) de dia	ครีมกลางวัน	khreem klaang wan
creme (m) de noite	ครีมกลางคืน	khreem klaang kheun
de dia	กลางวัน	glaang wan
da noite	กลางคืน	glaang kheun

absorvente (m) interno	ผ้าอนามัยแบบสอด	phâa a-naa-mai bàep sòrt
papel (m) higiênico	กระดาษชำระ	grà-dàat cham-rá
secador (m) de cabelo	เครื่องเป่าผม	khrêuang bpào phǒm

39. Joalheria

joias (f pl)	เครื่องเพชรพลอย	khrêuang phét phloi
precioso (adj)	เพชรพลอย	phét phloi
marca (f) de contraste	ตราฮอลมาร์ค	dtraa hon-mâak

anel (m)	แหวน	wǎen
aliança (f)	แหวนแต่งงาน	wǎen dtàeng ngaan
pulseira (f)	กำไลข้อมือ	gam-lai khôr meu
brincos (m pl)	ตุ้มหู	dtûm hǒo

colar (m)	สร้อยคอ	sôi khor
coroa (f)	มงกุฎ	mong-gùt
colar (m) de contas	สร้อยคอลูกปัด	sôi khor lôok bpàt

diamante (m)	เพชร	phét
esmeralda (f)	มรกต	mor-rá-gòt
rubi (m)	พลอยสีทับทิม	phloi sĕe tháp-thim
safira (f)	ไพลิน	phai-lin
pérola (f)	ไข่มุก	khài múk
âmbar (m)	อำพัน	am phan

40. Relógios de pulso. Relógios

relógio (m) de pulso	นาฬิกา	naa-lí-gaa
mostrador (m)	หน้าปัด	nâa bpàt
ponteiro (m)	เข็ม	khĕm
bracelete (em aço)	สายนาฬิกาข้อมือ	săai naa-lí-gaa khôr meu
bracelete (em couro)	สายรัดขอมือ	săai rát khôr meu

pilha (f)	แบตเตอรี่	bàet-dter-rêe
acabar (vi)	หมด	mòt
trocar a pilha	เปลี่ยนแบตเตอรี่	bplìan bàet-dter-rêe
estar adiantado	เดินเร็วเกินไป	dern reo gern bpai
estar atrasado	เดินช้า	dern cháa

relógio (m) de parede	นาฬิกาแขวนผนัง	naa-lí-gaa khwăen phà-năng
ampulheta (f)	นาฬิกาทราย	naa-lí-gaa saai
relógio (m) de sol	นาฬิกาแดด	naa-lí-gaa dàet
despertador (m)	นาฬิกาปลุก	naa-lí-gaa bplùk
relojoeiro (m)	ช่างซ่อมนาฬิกา	châang sôrm naa-lí-gaa
reparar (vt)	ซ่อม	sôrm

Alimentação. Nutrição

41. Comida

carne (f)	เนื้อ	néua
galinha (f)	ไก่	gài
frango (m)	เนื้อลูกไก่	néua lôok gài
pato (m)	เป็ด	bpèt
ganso (m)	ห่าน	hàan
caça (f)	สัตว์ที่ล่า	sàt thêe lâa
peru (m)	ไก่งวง	gài nguang
carne (f) de porco	เนื้อหมู	néua mǒo
carne (f) de vitela	เนื้อลูกวัว	néua lôok wua
carne (f) de carneiro	เนื้อแกะ	néua gàe
carne (f) de vaca	เนื้อวัว	néua wua
carne (f) de coelho	เนื้อกระต่าย	néua grà-dtàai
linguiça (f), salsichão (m)	ไส้กรอก	sâi gròrk
salsicha (f)	ไสกรอกเวียนนา	sâi gròrk wian-naa
bacon (m)	หมูเบคอน	mǒo bay-khorn
presunto (m)	แฮม	haem
pernil (m) de porco	แฮมแกมมอน	haem gaem-morn
patê (m)	ปาเต	bpaa dtay
fígado (m)	ตับ	dtàp
guisado (m)	เนื้อสับ	néua sàp
língua (f)	ลิ้น	lín
ovo (m)	ไข่	khài
ovos (m pl)	ไข่	khài
clara (f) de ovo	ไข่ขาว	khài khǎao
gema (f) de ovo	ไข่แดง	khài daeng
peixe (m)	ปลา	bplaa
mariscos (m pl)	อาหารทะเล	aa hǎan thá-lay
crustáceos (m pl)	สัตว์พวกกุ้งกั้งปู	sàt phûak gûng gâng bpoo
caviar (m)	ไข่ปลา	khài-bplaa
caranguejo (m)	ปู	bpoo
camarão (m)	กุ้ง	gûng
ostra (f)	หอยนางรม	hǒi naang rom
lagosta (f)	กุ้งมังกร	gûng mang-gon
polvo (m)	ปลาหมึก	bplaa mèuk
lula (f)	ปลาหมึกกล้วย	bplaa mèuk-glûay
esturjão (m)	ปลาสเตอร์เจียน	bpláa sà-dtêr jian
salmão (m)	ปลาแซลมอน	bplaa saen-morn
halibute (m)	ปลาตาเดียว	bplaa dtaa-dieow
bacalhau (m)	ปลาค็อด	bplaa khót

cavala, sarda (f)	ปลาแม็คเคอเร็ล	bplaa máek-kay-a-rĕn
atum (m)	ปลาทูน่า	bplaa thoo-nâa
enguia (f)	ปลาไหล	bplaa lăi
truta (f)	ปลาเทราท์	bplaa thrau
sardinha (f)	ปลาซาร์ดีน	bplaa saa-deen
lúcio (m)	ปลาไพค์	bplaa phai
arenque (m)	ปลาเฮอร์ริง	bplaa her-ring
pão (m)	ขนมปัง	khà-nŏm bpang
queijo (m)	เนยแข็ง	noie khăeng
açúcar (m)	น้ำตาล	nám dtaan
sal (m)	เกลือ	gleua
arroz (m)	ข้าว	khâao
massas (f pl)	พาสต้า	phâat-dtâa
talharim, miojo (m)	กวยเตี๋ยว	gŭay-dtĭeow
manteiga (f)	เนย	noie
óleo (m) vegetal	น้ำมันพืช	nám man phêut
óleo (m) de girassol	น้ำมันดอกทานตะวัน	nám man dòrk thaan dtà-wan
margarina (f)	เนยเทียม	noie thiam
azeitonas (f pl)	มะกอก	má-gòrk
azeite (m)	น้ำมันมะกอก	nám man má-gòrk
leite (m)	นม	nom
leite (m) condensado	นมข้น	nom khôn
iogurte (m)	โยเกิร์ต	yoh-gèrt
creme (m) azedo	ซาวร์ครีม	saao khreem
creme (m) de leite	ครีม	khreem
maionese (f)	มายองเนส	maa-yorng-nâyt
creme (m)	สวนผสมของเนย และน้ำตาล	sùan phà-sŏm khŏrng noie láe nám dtaan
grãos (m pl) de cereais	เมล็ดธัญพืช	má-lét than-yá-phêut
farinha (f)	แป้ง	bpâeng
enlatados (m pl)	อาหารกระป๋อง	aa-hăan grà-bpŏrng
flocos (m pl) de milho	คอร์นเฟลค	khorn-flâyk
mel (m)	น้ำผึ้ง	nám phêung
geleia (m)	แยม	yaem
chiclete (m)	หมากฝรั่ง	màak fà-ràng

42. Bebidas

água (f)	น้ำ	nám
água (f) potável	น้ำดื่ม	nám dèum
água (f) mineral	น้ำแร่	nám râe
sem gás (adj)	ไม่มีฟอง	mâi mee forng
gaseificada (adj)	น้ำอัดลม	nám àt lom
com gás	มีฟอง	mee forng

gelo (m)	น้ำแข็ง	nám khǎeng
com gelo	ใส่น้ำแข็ง	sài nám khǎeng
não alcoólico (adj)	ไม่มีแอลกอฮอล์	mâi mee aen-gor-hor
refrigerante (m)	เครื่องดื่มที่ไม่มีแอลกอฮอล	krêuang dèum têe mâi mee aen-gor-hor
refresco (m)	เครื่องดื่มให้ความสดชื่น	khrêuang dèum hâi khwaam sòt chêun
limonada (f)	น้ำเลมอนเนด	nám lay-morn-nâyt
bebidas (f pl) alcoólicas	เหล้า	lǎu
vinho (m)	ไวน์	wai
vinho (m) branco	ไวน์ขาว	wai khǎo
vinho (m) tinto	ไวน์แดง	wai daeng
licor (m)	สุรา	sù-raa
champanhe (m)	แชมเปญ	chaem-bpayn
vermute (m)	เหลาองุ่นขาวซึ่งมีกลิ่นหอม	lâo a-ngùn khǎo sêung mee glìn hǒrm
uísque (m)	เหล้าวิสกี้	lǎu wít-sa -gêe
vodca (f)	เหล้าวอดก้า	lǎu wórt-gâa
gim (m)	เหล้ายิน	lǎu yin
conhaque (m)	เหล้าคอนยัก	lǎu khorn yák
rum (m)	เหลารัม	lǎu ram
café (m)	กาแฟ	gaa-fae
café (m) preto	กาแฟดำ	gaa-fae dam
café (m) com leite	กาแฟใส่นม	gaa-fae sài nom
cappuccino (m)	กาแฟคาปูชิโน	gaa-fae khaa bpoo chí noh
café (m) solúvel	กาแฟสำเร็จรูป	gaa-fae sǎm-rèt rôop
leite (m)	นม	nom
coquetel (m)	ค็อกเทล	khók-tayn
batida (f), milkshake (m)	มิลค์เชค	min-châyk
suco (m)	น้ำผลไม้	nám phǒn-lá-máai
suco (m) de tomate	น้ำมะเขือเทศ	nám má-khěua thâyt
suco (m) de laranja	น้ำส้ม	nám sôm
suco (m) fresco	น้ำผลไม้คั้นสด	nám phǒn-lá-máai khán sòt
cerveja (f)	เบียร์	bia
cerveja (f) clara	เบียร์ไลท์	bia lai
cerveja (f) preta	เบียรดารค	bia dàak
chá (m)	ชา	chaa
chá (m) preto	ชาดำ	chaa dam
chá (m) verde	ชาเขียว	chaa khǐeow

43. Vegetais

vegetais (m pl)	ผัก	phàk
verdura (f)	ผักใบเขียว	phàk bai khǐeow
tomate (m)	มะเขือเทศ	má-khěua thâyt

pepino (m)	แตงกวา	dtaeng-gwaa
cenoura (f)	แครอท	khae-rót
batata (f)	มันฝรั่ง	man fà-ràng
cebola (f)	หัวหอม	hǔa hǒrm
alho (m)	กระเทียม	grà-thiam
couve (f)	กะหล่ำปลี	gà-làm bplee
couve-flor (f)	ดอกกะหล่ำ	dòrk gà-làm
couve-de-bruxelas (f)	กะหล่ำดาว	gà-làm-daao
brócolis (m pl)	บร็อคโคลี่	bròrk-khoh-lêe
beterraba (f)	บีทรูท	bee-trôot
berinjela (f)	มะเขือยาว	má-khěua-yaao
abobrinha (f)	แตงซูคินี	dtaeng soo-khí-nee
abóbora (f)	ฟักทอง	fák-thorng
nabo (m)	หัวผักกาด	hǔa-phàk-gàat
salsa (f)	ผักชีฝรั่ง	phàk chee fà-ràng
endro, aneto (m)	ผักชีลาว	phàk-chee-laao
alface (f)	ผักกาดหอม	phàk gàat hǒrm
aipo (m)	คื่นช่าย	khêun-châai
aspargo (m)	หน่อไม้ฝรั่ง	nòr máai fà-ràng
espinafre (m)	ผักขม	phàk khǒm
ervilha (f)	ถั่วลันเตา	thùa-lan-dtao
feijão (~ soja, etc.)	ถั่ว	thùa
milho (m)	ข้าวโพด	khâao-phôht
feijão (m) roxo	ถั่วรูปไต	thùa rôop dtai
pimentão (m)	พริกหยวก	phrík-yùak
rabanete (m)	หัวไชเท้า	hǔa chai tháo
alcachofra (f)	อาร์ติโชค	aa dtì chôhk

44. Frutos. Nozes

fruta (f)	ผลไม้	phǒn-lá-máai
maçã (f)	แอปเปิ้ล	àep-bpêrn
pera (f)	แพร์	phae
limão (m)	มะนาว	má-naao
laranja (f)	ส้ม	sôm
morango (m)	สตรอว์เบอร์รี่	sà-dtror-ber-rêe
tangerina (f)	ส้มแมนดาริน	sôm maen daa rin
ameixa (f)	พลัม	phlam
pêssego (m)	ลูกทอ	lôok thór
damasco (m)	แอปริคอท	ae-bprì-khôrt
framboesa (f)	ราสเบอร์รี่	râat-ber-rêe
abacaxi (m)	สับปะรด	sàp-bpà-rót
banana (f)	กล้วย	glûay
melancia (f)	แตงโม	dtaeng moh
uva (f)	องุ่น	a-ngùn
ginja (f)	เชอรี่	cher-rêe
cereja (f)	เชอรี่ป่า	cher-rêe bpàa

melão (m)	เมลอน	may-lorn
toranja (f)	สมโอ	sôm oh
abacate (m)	อะโวคาโด	a-who-khaa-doh
mamão (m)	มะละกอ	má-lá-gor
manga (f)	มะม่วง	má-mûang
romã (f)	ทับทิม	tháp-thim
groselha (f) vermelha	เรดเคอร์แรนท์	râyt-khêr-raen
groselha (f) negra	แบล็คเคอร์แรนท์	blàek khêr-raen
groselha (f) espinhosa	กูสเบอร์รี่	gòot-ber-rêe
mirtilo (m)	บิลเบอร์รี่	bil-ber-rêe
amora (f) silvestre	แบล็คเบอร์รี่	blàek ber-rêe
passa (f)	ลูกเกด	lôok gàyt
figo (m)	มะเดื่อฝรั่ง	má dèua fà-ràng
tâmara (f)	ลูกอินทผลัม	lôok in-thá-plăm
amendoim (m)	ถั่วลิสง	thùa-lí-sŏng
amêndoa (f)	อัลมอนด์	an-morn
noz (f)	วอลนัต	wor-lá-nát
avelã (f)	เฮเซลนัท	hay sayn nát
coco (m)	มะพร้าว	má-phráao
pistaches (m pl)	ถั่วพิสตาชิโอ	thùa phít dtaa chí oh

45. Pão. Bolaria

pastelaria (f)	ขนม	khà-nŏm
pão (m)	ขนมปัง	khà-nŏm bpang
biscoito (m), bolacha (f)	คุกกี้	khúk-gêe
chocolate (m)	ช็อกโกแลต	chók-goh-láet
de chocolate	ช็อกโกแลต	chók-goh-láet
bala (f)	ลูกกวาด	lôok gwàat
doce (bolo pequeno)	ขนมเค้ก	khà-nŏm kháyk
bolo (m) de aniversário	ขนมเค้ก	khà-nŏm kháyk
torta (f)	ขนมพาย	khà-nŏm phaai
recheio (m)	ไส้ในขนม	sâi nai khà-nŏm
geleia (m)	แยม	yaem
marmelada (f)	แยมผิวส้ม	yaem phĭw sôm
wafers (m pl)	วาฟเฟิล	waaf-fern
sorvete (m)	ไอศกรีม	ai-sà-greem
pudim (m)	พุดดิ้ง	phút-dîng

46. Pratos cozinhados

prato (m)	มื้ออาหาร	méu aa-hăan
cozinha (~ portuguesa)	อาหาร	aa-hăan
receita (f)	ตำราอาหาร	dtam-raa aa-hăan
porção (f)	สวน	sùan
salada (f)	สลัด	sà-làt

sopa (f)	ซุป	súp
caldo (m)	ซุปน้ำใส	súp nám-sǎi
sanduíche (m)	แซนด์วิช	saen-wít
ovos (m pl) fritos	ไข่ทอด	khài thôrt

hambúrguer (m)	แฮมเบอร์เกอร์	haem-ber-gêr
bife (m)	สเต็กเนื้อ	sà-dtèk néua

acompanhamento (m)	เครื่องเคียง	khrêuang khiang
espaguete (m)	สปาเก็ตตี้	sà-bpaa-gèt-dtêe
purê (m) de batata	มันฝรั่งบด	man fà-ràng bòt
pizza (f)	พิซซ่า	phít-sâa
mingau (m)	ข้าวต้ม	khâao-dtôm
omelete (f)	ไข่เจียว	khài jieow

fervido (adj)	ต้ม	dtôm
defumado (adj)	รมควัน	rom khwan
frito (adj)	ทอด	thôrt
seco (adj)	ตากแห้ง	dtàak hâeng
congelado (adj)	แช่แข็ง	châe khǎeng
em conserva (adj)	ดอง	dorng

doce (adj)	หวาน	wǎan
salgado (adj)	เค็ม	khem
frio (adj)	เย็น	yen
quente (adj)	ร้อน	rórn
amargo (adj)	ขม	khǒm
gostoso (adj)	อร่อย	à-ròi

cozinhar em água fervente	ต้ม	dtôm
preparar (vt)	ทำอาหาร	tham aa-hǎan
fritar (vt)	ทอด	thôrt
aquecer (vt)	อุ่น	ùn

salgar (vt)	ใส่เกลือ	sài gleua
apimentar (vt)	ใส่พริกไทย	sài phrík thai
ralar (vt)	ขูด	khòot
casca (f)	เปลือก	bplèuak
descascar (vt)	ปอกเปลือก	bpòrk bplêuak

47. Especiarias

sal (m)	เกลือ	gleua
salgado (adj)	เค็ม	khem
salgar (vt)	ใส่เกลือ	sài gleua

pimenta-do-reino (f)	พริกไทย	phrík thai
pimenta (f) vermelha	พริกแดง	phrík daeng
mostarda (f)	มัสตาร์ด	mát-dtàat
raiz-forte (f)	ฮอสแรดิช	hórt rae dìt

condimento (m)	เครื่องปรุงรส	khrêuang bprung rót
especiaria (f)	เครื่องเทศ	khrêuang thâyt
molho (~ inglês)	ซอส	sós

vinagre (m)	น้ำส้มสายชู	nám sôm săai choo
anis estrelado (m)	เทียนสัตตบุษย์	thian-sàt-dtà-bùt
manjericão (m)	ใบโหระพา	bai hŏh rá phaa
cravo (m)	กานพลู	gaan-phloo
gengibre (m)	ขิง	khĭng
coentro (m)	ผักชีลา	pàk-chee-laa
canela (f)	อบเชย	òp-choie
gergelim (m)	งา	ngaa
folha (f) de louro	ใบกระวาน	bai grà-waan
páprica (f)	พริกปน	phrík bpòn
cominho (m)	เทียนตากบ	thian dtaa gòp
açafrão (m)	หญ้าฝรั่น	yâa fà-ràn

48. Refeições

comida (f)	อาหาร	aa-hăan
comer (vt)	กิน	gin
café (m) da manhã	อาหารเช้า	aa-hăan cháo
tomar café da manhã	ทานอาหารเช้า	thaan aa-hăan cháo
almoço (m)	ขาวเที่ยง	khâao thîang
almoçar (vi)	ทานอาหารเที่ยง	thaan aa-hăan thîang
jantar (m)	อาหารเย็น	aa-hăan yen
jantar (vi)	ทานอาหารเย็น	thaan aa-hăan yen
apetite (m)	ความอยากอาหาร	kwaam yàak aa hăan
Bom apetite!	กินใหอรอย!	gin hâi a-ròi
abrir (~ uma lata, etc.)	เปิด	bpèrt
derramar (~ líquido)	ทำหก	tham hòk
derramar-se (vr)	ทำหกออกมา	tham hòk òrk maa
ferver (vi)	ตูม	dtôm
ferver (vt)	ตูม	dtôm
fervido (adj)	ตม	dtôm
esfriar (vt)	แชเย็น	châe yen
esfriar-se (vr)	แชเย็น	châe yen
sabor, gosto (m)	รสชาติ	rót châat
fim (m) de boca	รส	rót
emagrecer (vi)	ลดน้ำหนัก	lót nám nàk
dieta (f)	อาหารพิเศษ	aa-hăan phí-sàyt
vitamina (f)	วิตามิน	wí-dtaa-min
caloria (f)	แคลอรี่	khae-lor-rêe
vegetariano (m)	คนกินเจ	khon gin jay
vegetariano (adj)	มังสวิรัติ	mang-sà-wí-rát
gorduras (f pl)	ไขมัน	khăi man
proteínas (f pl)	โปรตีน	bproh-dteen
carboidratos (m pl)	คาร์โบไฮเดรต	kaa-boh-hai-dràyt
fatia (~ de limão, etc.)	แผน	phàen
pedaço (~ de bolo)	ชิ้น	chín
migalha (f), farelo (m)	เศษ	sàyt

49. Por a mesa

colher (f)	ช้อน	chórn
faca (f)	มีด	mêet
garfo (m)	ส้อม	sôrm
xícara (f)	แก้ว	gâew
prato (m)	จาน	jaan
pires (m)	จานรอง	jaan rorng
guardanapo (m)	ผ้าเช็ดปาก	phâa chét bpàak
palito (m)	ไม้จิ้มฟัน	máai jîm fan

50. Restaurante

restaurante (m)	ร้านอาหาร	ráan aa-hăan
cafeteria (f)	ร้านกาแฟ	ráan gaa-fae
bar (m), cervejaria (f)	ร้านเหล้า	ráan lâo
salão (m) de chá	รานน้ำชา	ráan nám chaa
garçom (m)	คนเสิร์ฟชาย	khon sèrf chaai
garçonete (f)	คนเสิร์ฟหญิง	khon sèrf yĭng
barman (m)	บาร์เทนเดอร์	baa-thayn-dêr
cardápio (m)	เมนู	may-noo
lista (f) de vinhos	รายการไวน์	raai gaan wai
reservar uma mesa	จองโต๊ะ	jorng dtó
prato (m)	มื้ออาหาร	méu aa-hăan
pedir (vt)	สั่ง	sàng
fazer o pedido	สั่งอาหาร	sàng aa-hăan
aperitivo (m)	เครื่องดื่มเหล้า กอนอาหาร	khrêuang dèum lâo gòrn aa-hăan
entrada (f)	ของกินเล่น	khŏrng gin lâyn
sobremesa (f)	ของหวาน	khŏrng wăan
conta (f)	คิดเงิน	khít ngern
pagar a conta	จ่ายค่าอาหาร	jàai khâa aa hăan
dar o troco	ให้เงินทอน	hâi ngern thorn
gorjeta (f)	เงินทิป	ngern thíp

Família, parentes e amigos

51. Informação pessoal. Formulários

nome (m)	ชื่อ	chêu
sobrenome (m)	นามสกุล	naam sà-gun
data (f) de nascimento	วันเกิด	wan gèrt
local (m) de nascimento	สถานที่เกิด	sà-thăan thêe gèrt
nacionalidade (f)	สัญชาติ	săn-châat
lugar (m) de residência	ที่อยู่อาศัย	thêe yòo aa-săi
país (m)	ประเทศ	bprà-thâyt
profissão (f)	อาชีพ	aa-chêep
sexo (m)	เพศ	phâyt
estatura (f)	ความสูง	khwaam sŏong
peso (m)	น้ำหนัก	nám nàk

52. Membros da família. Parentes

mãe (f)	มารดา	maan-daa
pai (m)	บิดา	bì-daa
filho (m)	ลูกชาย	lôok chaai
filha (f)	ลูกสาว	lôok săao
caçula (f)	ลูกสาวคนเล็ก	lôok săao khon lék
caçula (m)	ลูกชายคนเล็ก	lôok chaai khon lék
filha (f) mais velha	ลูกสาวคนโต	lôok săao khon dtoh
filho (m) mais velho	ลูกชายคนโต	lôok chaai khon dtoh
irmão (m) mais velho	พี่ชาย	phêe chaai
irmão (m) mais novo	น้องชาย	nórng chaai
irmã (f) mais velha	พี่สาว	phêe săao
irmã (f) mais nova	น้องสาว	nórng săao
primo (m)	ลูกพี่ลูกน้อง	lôok phêe lôok nórng
prima (f)	ลูกพี่ลูกน้อง	lôok phêe lôok nórng
mamãe (f)	แม่	mâe
papai (m)	พ่อ	phôr
pais (pl)	พ่อแม่	phôr mâe
criança (f)	เด็ก, ลูก	dèk, lôok
crianças (f pl)	เด็กๆ	dèk dèk
avó (f)	ย่า, ยาย	yâa, yaai
avô (m)	ปู่, ตา	bpòo, dtaa
neto (m)	หลานชาย	lăan chaai
neta (f)	หลานสาว	lăan săao

netos (pl)	หลานๆ	lăan
tio (m)	ลุง	lung
tia (f)	ป้า	bpâa
sobrinho (m)	หลานชาย	lăan chaai
sobrinha (f)	หลานสาว	lăan săao

sogra (f)	แม่ยาย	mâe yaai
sogro (m)	พอสามี	phôr săa-mee
genro (m)	ลูกเขย	lôok khŏie
madrasta (f)	แม่เลี้ยง	mâe líang
padrasto (m)	พอเลี้ยง	phôr líang

criança (f) de colo	ทารก	thaa-rók
bebê (m)	เด็กเล็ก	dèk lék
menino (m)	เด็ก	dèk

mulher (f)	ภรรยา	phan-rá-yaa
marido (m)	สามี	săa-mee
esposo (m)	สามี	săa-mee
esposa (f)	ภรรยา	phan-rá-yaa

casado (adj)	แต่งงานแล้ว	dtàeng ngaan láew
casada (adj)	แตงงานแลว	dtàeng ngaan láew
solteiro (adj)	เป็นโสด	bpen sòht
solteirão (m)	ชายโสด	chaai sòht
divorciado (adj)	หย่าแลว	yàa láew
viúva (f)	แม่หม้าย	mâe mâai
viúvo (m)	พอหม้าย	phôr mâai

parente (m)	ญาติ	yâat
parente (m) próximo	ญาติใกล้ชิด	yâat glâi chít
parente (m) distante	ญาติหางๆ	yâat hàang hàang
parentes (m pl)	ญาติๆ	yâat

órfão (m)	เด็กชายกำพร้า	dèk chaai gam phráa
órfã (f)	เด็กหญิงกำพรา	dèk yĭng gam phráa
tutor (m)	ผูปกครอง	phôo bpòk khrorng
adotar (um filho)	บุญธรรม	bun tham
adotar (uma filha)	บุญธรรม	bun tham

53. Amigos. Colegas de trabalho

amigo (m)	เพื่อน	phêuan
amiga (f)	เพื่อน	phêuan
amizade (f)	มิตรภาพ	mít-dtrà-phâap
ser amigos	เป็นเพื่อน	bpen phêuan

amigo (m)	เพื่อนสนิท	phêuan sà-nìt
amiga (f)	เพื่อนสนิท	phêuan sà-nìt
parceiro (m)	หุนสวน	hûn sùan

chefe (m)	หัวหน้า	hŭa-nâa
superior (m)	ผูบังคับบัญชา	phôo bang-kháp ban-chaa
proprietário (m)	เจาของ	jâo khŏrng

subordinado (m)	ลูกน้อง	lôok nórng
colega (m, f)	เพื่อนร่วมงาน	phêuan rûam ngaan
conhecido (m)	ผู้คุ้นเคย	phôo khún khoie
companheiro (m) de viagem	เพื่อนร่วมทาง	pêuan rûam thaang
colega (m) de classe	เพื่อนรุ่น	phêuan rûn
vizinho (m)	เพื่อนบ้านผู้ชาย	phêuan bâan pôo chaai
vizinha (f)	เพื่อนบ้านผู้หญิง	phêuan bâan phôo yĭng
vizinhos (pl)	เพื่อนบ้าน	phêuan bâan

54. Homem. Mulher

mulher (f)	ผู้หญิง	phôo yĭng
menina (f)	หญิงสาว	yĭng săao
noiva (f)	เจ้าสาว	jâo săao
bonita, bela (adj)	สวย	sŭay
alta (adj)	สูง	sŏong
esbelta (adj)	ผอม	phŏrm
baixa (adj)	เตี้ย	dtîa
loira (f)	ผมสีทอง	phŏm sĕe thorng
morena (f)	ผมสีคล้ำ	phŏm sĕe khlám
de senhora	สตรี	sàt-dtree
virgem (f)	บริสุทธิ์	bor-rí-sùt
grávida (adj)	ตั้งครรภ์	dtâng khan
homem (m)	ผู้ชาย	phôo chaai
loiro (m)	ผมสีทอง	phŏm sĕe thorng
moreno (m)	ผมสีคล้ำ	phŏm sĕe khlám
alto (adj)	สูง	sŏong
baixo (adj)	เตี้ย	dtîa
rude (adj)	หยาบคาย	yàap kaai
atarracado (adj)	แข็งแรง	khăeng raeng
robusto (adj)	กำยำ	gam-yam
forte (adj)	แข็งแรง	khăeng raeng
força (f)	ความแข็งแรง	khwaam khăeng raeng
gordo (adj)	ท้วม	thúam
moreno (adj)	ผิวดำ	phĭw dam
esbelto (adj)	ผอม	phŏrm
elegante (adj)	สง่า	sà-ngàa

55. Idade

idade (f)	อายุ	aa-yú
juventude (f)	วัยเยาว์	wai yao
jovem (adj)	หนุ่ม	nùm
mais novo (adj)	อายุน้อยกว่า	aa-yú nói gwàa

mais velho (adj)	อายุสูงกว่า	aa-yú sǒong gwàa
jovem (m)	ชายหนุ่ม	chaai nùm
adolescente (m)	วัยรุ่น,	wai rûn
rapaz (m)	คนหนุ่ม	khon nùm
velho (m)	ชายชรา	chaai chá-raa
velha (f)	หญิงชรา	yǐng chá-raa
adulto	ผู้ใหญ่	phôo yài
de meia-idade	วัยกลาง	wai glaang
idoso, de idade (adj)	วัยชรา	wai chá-raa
velho (adj)	แก่	gàe
aposentadoria (f)	การเกษียณอายุ	gaan gà-sǐan aa-yú
aposentar-se (vr)	เกษียณ	gà-sǐan
aposentado (m)	ผู้เกษียณอายุ	phôo gà-sǐan aa-yú

56. Crianças

criança (f)	เด็ก, ลูก	dèk, lôok
crianças (f pl)	เด็กๆ	dèk dèk
gêmeos (m pl), gêmeas (f pl)	แฝด	fàet
berço (m)	เปล ,	bplay
chocalho (m)	ของเล่นกุ๊งกิ๊ง	khǒrng lên gúng-gîng
fralda (f)	ผ้าอ้อม	phâa ôrm
chupeta (f), bico (m)	จุกนม	jùk-nom
carrinho (m) de bebê	รถเข็นเด็ก	rót khěn dèk
jardim (m) de infância	โรงเรียนอนุบาล	rohng rian a-nú-baan
babysitter, babá (f)	คนเฝ้าเด็ก	khon fâo dèk
infância (f)	วัยเด็ก	wai dèk
boneca (f)	ตุ๊กตา,	dtúk-dtaa
brinquedo (m)	ของเล่น ,	khǒrng lên
jogo (m) de montar	ชุดของเล่นก่อสร้าง	chút khǒrng lên gòr sâang
bem-educado (adj)	มีกิริยา	mee gì-rí-yaa
	มารยาทดี	maa-rá-yâat dee
malcriado (adj)	ไม่มีมารยาท	mâi mee maa-rá-yâat
mimado (adj)	เสียคน	sǐa khon
ser travesso	ซน	son
travesso, traquinas (adj)	ซน	son
travessura (f)	ความเกเร	kwaam gay-ray
criança (f) travessa	เด็กเกเร	dèk gay-ray
obediente (adj)	ที่เชื่อฟัง	thêe chêua fang
desobediente (adj)	ที่ไม่เชื่อฟัง	thêe mâi chêua fang
dócil (adj)	ที่เชื่อฟังผู้ใหญ่	thée chêua fang phôo yài
inteligente (adj)	ฉลาด	chà-làat
prodígio (m)	เด็กมีพรสวรรค์	dèk mee phon sà-wǎn

57. Casais. Vida de família

beijar (vt)	จูบ	jòop
beijar-se (vr)	จูบ	jòop
família (f)	ครอบครัว	khrôrp khrua
familiar (vida ~)	ครอบครัว	khrôrp khrua
casal (m)	ผัวเมีย	phŭa mia
matrimônio (m)	การแต่งงาน	gaan dtàeng ngaan
lar (m)	บ้าน	bâan
dinastia (f)	วงศ์ตระกูล	wong dtrà-goon
encontro (m)	การออกเดท	gaan òrk dàyt
beijo (m)	การจูบ	gaan jòop
amor (m)	ความรัก	khwaam rák
amar (pessoa)	รัก	rák
amado, querido (adj)	ที่รัก	thêe rák
ternura (f)	ความละเมียดละไม	khwaam lá-mîat lá-mai
afetuoso (adj)	ละเมียดละไม	lá-mîat lá-mai
fidelidade (f)	ความซื่อ	khwaam sêu
fiel (adj)	ซื่อ	sêu
cuidado (m)	การดูแล	gaan doo lae
carinhoso (adj)	ชอบดูแล	chôrp doo lae
recém-casados (pl)	คู่แต่งงานใหม่	khôo dtàeng ngaan mài
lua (f) de mel	ฮันนีมูน	han-nee-moon
casar-se (com um homem)	แต่งงาน	dtàeng ngaan
casar-se (com uma mulher)	แต่งงาน	dtàeng ngaan
casamento (m)	การสมรส	gaan sŏm rót
bodas (f pl) de ouro	การสมรส ครบรอบ50ปี	gaan sŏm rót khróp rôrp hâa-sìp bpee
aniversário (m)	วันครบรอบ	wan khróp rôrp
amante (m)	คู่รัก	khôo rák
amante (f)	เมียน้อย	mia nói
adultério (m), traição (f)	การคบชู้	gaan khóp chóo
cometer adultério	คบชู้	khóp chóo
ciumento (adj)	หึงหวง	hĕung hŭang
ser ciumento, -a	หึง	hĕung
divórcio (m)	การหย่าร้าง	gaan yàa ráang
divorciar-se (vr)	หย่า	yàa
brigar (discutir)	ทะเลาะ	thá-lór
fazer as pazes	ประนีประนอม	bprà-nee-bprà-nom
juntos (ir ~)	ด้วยกัน	dûay gan
sexo (m)	เพศสัมพันธ์	phâyt săm-phan
felicidade (f)	ความสุข	khwaam sùk
feliz (adj)	มีความสุข	mee khwaam sùk
infelicidade (f)	เหตุร้าย	hàyt ráai
infeliz (adj)	ไม่มีความสุข	mâi mee khwaam sùk

Caráter. Sentimentos. Emoções

58. Sentimentos. Emoções

sentimento (m)	ความรู้สึก	khwaam róo sèuk
sentimentos (m pl)	ความรู้สึก	khwaam róo sèuk
sentir (vt)	รู้สึก	róo sèuk
fome (f)	ความหิว	khwaam hĭw
ter fome	หิว	hĭw
sede (f)	ความกระหาย	khwaam grà-hăai
ter sede	กระหาย	grà-hăai
sonolência (f)	ความง่วง	khwaam ngûang
estar sonolento	ง่วง	ngûang
cansaço (m)	ความเหนื่อย	khwaam nèuay
cansado (adj)	เหนื่อย	nèuay
ficar cansado	เหนื่อย	nèuay
humor (m)	อารมณ์	aa-rom
tédio (m)	ความเบื่อ	khwaam bèua
entediar-se (vr)	เบื่อ	bèua
reclusão (isolamento)	ความเหงา	khwaam ngăo
isolar-se (vr)	ปลีกวิเวก	bplèek wí-wâyk
preocupar (vt)	ทำให้...เป็นห่วง	tham hâi...bpen hùang
estar preocupado	กังวล	gang-won
preocupação (f)	ความเป็นห่วง	khwaam bpen hùang
ansiedade (f)	ความวิตกกังวล	khwaam wí-dtòk gang-won
preocupado (adj)	เป็นห่วงใหญ่	bpen hùang yài
estar nervoso	กระวนกระวาย	grà won grà waai
entrar em pânico	ตื่นตระหนก	dtèun dtrà-nòk
esperança (f)	ความหวัง	khwaam wăng
esperar (vt)	หวัง	wăng
certeza (f)	ความแน่ใจ	khwaam nâe jai
certo, seguro de …	แน่ใจ	nâe jai
indecisão (f)	ความไม่มั่นใจ	khwaam mâi mân jai
indeciso (adj)	ไม่มั่นใจ	mâi mân jai
bêbado (adj)	เมา	mao
sóbrio (adj)	ไม่เมา	mâi mao
fraco (adj)	อ่อนแอ	òrn ae
feliz (adj)	มีความสุข	mee khwaam sùk
assustar (vt)	ทำให้...กลัว	tham hâi...glua
fúria (f)	ความโกรธเคือง	khwaam gròht kheuang
ira, raiva (f)	ความเดือดดาล	khwaam dèuat daan
depressão (f)	ความหดหู่	khwaam hòt-hòo
desconforto (m)	อึดอัด	èut àt

conforto (m)	สบาย	sà-baai
arrepender-se (vr)	เสียดาย	sĭa daai
arrependimento (m)	ความเสียดาย	khwaam sĭa daai
azar (m), má sorte (f)	โชคราย	chôhk ráai
tristeza (f)	ความเศรา	khwaam sâo

vergonha (f)	ความละอายใจ	khwaam lá-aai jai
alegria (f)	ความปิติ	khwaam bpì-dtì
entusiasmo (m)	ความกระตือรือรน	khwaam grà-dteu-reu-rón
entusiasta (m)	คนที่กระตือรือรน	khon thêe grà-dteu-reu-rón
mostrar entusiasmo	แสดงความ กระตือรือรน	sà-daeng khwaam grà-dteu-reu-rón

59. Caráter. Personalidade

caráter (m)	นิสัย	ní-sǎi
falha (f) de caráter	ขอเสีย	khôr sĭa
mente (f)	สติ	**sà-dtì**
razão (f)	สติ	sà-dtì

consciência (f)	มโนธรรม	má-noh tham
hábito, costume (m)	นิสัย	ní-sǎi
habilidade (f)	ความสามารถ	khwaam sǎa-mâat
saber (~ nadar, etc.)	สามารถ	sǎa-mâat

paciente (adj)	อดทน	òt thon
impaciente (adj)	ใจรอนใจเร็ว	jai rórn jai reo
curioso (adj)	อยากรูอยากเห็น	yàak róo yàak hěn
curiosidade (f)	ความอยากรูอยากเห็น	khwaam yàak róo yàak hěn

modéstia (f)	ความถอมตน	khwaam thòrm dton
modesto (adj)	ถอมตน	thòrm dton
imodesto (adj)	หยาบโลน	yàap lohn

preguiça (f)	ความขี้เกียจ	khwaam khêe gìat
preguiçoso (adj)	ขี้เกียจ	khêe gìat
preguiçoso (m)	คนขี้เกียจ	khon khêe gìat

astúcia (f)	ความเจาเลห์	khwaam jâo lây
astuto (adj)	เจาเลห	jâo lây
desconfiança (f)	ความหวาดระแวง	khwaam wàat rá-waeng
desconfiado (adj)	เคลือบแคลง	khlêuap-khlaeng

generosidade (f)	ความเอื้อเฟื้อ	khwaam êua féua
generoso (adj)	มีน้ำใจ	mee nám jai
talentoso (adj)	มีพรสวรรค์	mee phon sà-wǎn
talento (m)	พรสวรรค	phon sà-wǎn

corajoso (adj)	กลาหาญ	glâa hǎan
coragem (f)	ความกลาหาญ	khwaam glâa hǎan
honesto (adj)	ซื่อสัตย	sêu sàt
honestidade (f)	ความซื่อสัตย	khwaam sêu sàt
prudente, cuidadoso (adj)	ระมัดระวัง	rá mát rá-wang
valoroso (adj)	กลา	glâa

| sério (adj) | เอาจริงเอาจัง | ao jing ao jang |
| severo (adj) | เขมงวด | khêm ngûat |

decidido (adj)	เด็ดเดี่ยว	dèt dìeow
indeciso (adj)	ไม่เด็ดขาด	mâi dèt khàat
tímido (adj)	อาย	aai
timidez (f)	ความขวยอาย	khwaam khǔay aai

confiança (f)	ความไว้ใจ	khwaam wái jai
confiar (vt)	ไว้เนื้อเชื่อใจ	wái néua chêua jai
crédulo (adj)	เชื่อใจ	chêua jai

sinceramente	อย่างจริงใจ	yàang jing jai
sincero (adj)	จริงใจ	jing jai
sinceridade (f)	ความจริงใจ	khwaam jing jai
aberto (adj)	เปิดเผย	bpèrt phǒie

calmo (adj)	ใจเย็น	jai yen
franco (adj)	จริงใจ	jing jai
ingênuo (adj)	หลงเชื่อ	lǒng chêua
distraído (adj)	ใจลอย	jai loi
engraçado (adj)	ตลก	dtà-lòk

ganância (f)	ความโลภ	khwaam lôhp
ganancioso (adj)	โลภ	lôhp
avarento, sovina (adj)	ขี้เหนียว	khêe nǐeow
mal (adj)	เลว	leo
teimoso (adj)	ดื้อ	dêu
desagradável (adj)	ไม่น่าพึงพอใจ	mâi nâa pheung phor jai

egoísta (m)	คนที่เห็นแก่ตัว	khon thêe hěn gàe dtua
egoísta (adj)	เห็นแก่ตัว	hěn gàe dtua
covarde (m)	คนขี้ขลาด	khon khêe khlàat
covarde (adj)	ขี้ขลาด	khêe khlàat

60. O sono. Sonhos

dormir (vi)	นอน	norn
sono (m)	ความนอน	khwaam norn
sonho (m)	ความฝัน	khwaam fǎn
sonhar (ver sonhos)	ฝัน	fǎn
sonolento (adj)	งวง	ngûang

cama (f)	เตียง	dtiang
colchão (m)	ฟูกนอน	fôok norn
cobertor (m)	ผ้าห่ม	phâa hòm
travesseiro (m)	หมอน	mǒrn
lençol (m)	ผ้าปูที่นอน	phâa bpoo thêe norn

insônia (f)	อาการนอนไม่หลับ	aa-gaan norn mâi làp
sem sono (adj)	นอนไม่หลับ	norn mâi làp
sonífero (m)	ยานอนหลับ	yaa-norn-làp
tomar um sonífero	กินยานอนหลับ	gin yaa-norn-làp
estar sonolento	งวง	ngûang

bocejar (vi)	หาว	hăao
ir para a cama	ไปนอน	bpai norn
fazer a cama	ปูที่นอน	bpoo thêe norn
adormecer (vi)	หลับ	làp

pesadelo (m)	ฝันร้าย	făn ráai
ronco (m)	การกรน	gaan-kron
roncar (vi)	กรน	gron

despertador (m)	นาฬิกาปลุก	naa-lí-gaa bplùk
acordar, despertar (vt)	ปลุก	bplùk
acordar (vi)	ตื่น	dtèun
levantar-se (vr)	ลุกขึ้น	lúk khêun
lavar-se (vr)	ล้างหน้าล้างตา	láang nâa láang dtaa

61. Humor. Riso. Alegria

humor (m)	อารมณ์ขัน	aa-rom khăn
senso (m) de humor	อารมณ์	aa-rom
divertir-se (vr)	เริงรื่น	rerng rêun
alegre (adj)	เริงรื่น	rerng rêun
diversão (f)	ความรื่นเริง	khwaam rêun-rerng

sorriso (m)	รอยยิ้ม	roi yím
sorrir (vi)	ยิ้ม	yím
começar a rir	เริ่มหัวเราะ	rêrm hŭa rór
rir (vi)	หัวเราะ	hŭa rór
riso (m)	การหัวเราะ	gaan hŭa rór

anedota (f)	เรื่องขำขัน	rêuang khăm khăn
engraçado (adj)	ตลก	dtà-lòk
ridículo, cômico (adj)	ขบขัน	khòp khăn

brincar (vi)	ล้อเล่น	lór lên
piada (f)	ตลก	dtà-lòk
alegria (f)	ความสุขสันต์	khwaam sùk-săn
regozijar-se (vr)	โมทนา	moh-thá-naa
alegre (adj)	ยินดี	yin dee

62. Discussão, conversação. Parte 1

comunicação (f)	การสื่อสาร	gaan sèu săan
comunicar-se (vr)	สื่อสาร	sèu săan

conversa (f)	การสนทนา	gaan sŏn-thá-naa
diálogo (m)	บทสนทนา	bòt sŏn-thá-naa
discussão (f)	การหารือ	gaan hăa-reu
debate (m)	การโต้แย้ง	gaan dtôh yáeng
debater (vt)	โต้แย้ง	dtôh yáeng

interlocutor (m)	คู่สนทนา	khôo sŏn-tá-naa
tema (m)	หัวข้อ	hŭa khôr

ponto (m) de vista	แง่คิด	ngâe khít
opinião (f)	ความคิดเห็น	khwaam khít hěn
discurso (m)	สุนทรพจน์	sǔn tha ra phót
discussão (f)	การหารือ	gaan hǎa-reu
discutir (vt)	หารือ	hǎa-reu
conversa (f)	การสนทนา	gaan sǒn-thá-naa
conversar (vi)	คุยกัน	khui gan
reunião (f)	การพบกัน	gaan phóp gan
encontrar-se (vr)	พบ	phóp
provérbio (m)	สุภาษิต	sù-phaa-sìt
ditado, provérbio (m)	คำกล่าว	kham glàao
adivinha (f)	ปริศนา	bprìt-sà-nǎa
dizer uma adivinha	ถามปริศนา	thǎam bprìt-sà-nǎa
senha (f)	รหัสผ่าน	rá-hàt phàan
segredo (m)	ความลับ	khwaam láp
juramento (m)	คำสาบาน	kham sǎa-baan
jurar (vi)	สาบาน	sǎa baan
promessa (f)	คำสัญญา	kham sǎn-yaa
prometer (vt)	สัญญา	sǎn-yaa
conselho (m)	คำแนะนำ	kham náe nam
aconselhar (vt)	แนะนำ	náe nam
seguir o conselho	ทำตามคำแนะนำ	tham dtaam kham náe nam
escutar (~ os conselhos)	เชื่อฟัง	chêua fang
novidade, notícia (f)	ข่าว	khàao
sensação (f)	ข่าวดัง	khàao dang
informação (f)	ข้อมูล	khôr moon
conclusão (f)	ข้อสรุป	khôr sà-rùp
voz (f)	เสียง	sǐang
elogio (m)	คำชมเชย	kham chom choie
amável, querido (adj)	ใจดี	jai dee
palavra (f)	คำ	kham
frase (f)	วลี	wá-lee
resposta (f)	คำตอบ	kham dtòrp
verdade (f)	ความจริง	khwaam jing
mentira (f)	การโกหก	gaan goh-hòk
pensamento (m)	ความคิด	khwaam khít
ideia (f)	ความคิด	khwaam khít
fantasia (f)	จินตนาการ	jin-dtà-naa gaan

63. Discussão, conversação. Parte 2

estimado, respeitado (adj)	ที่นับถือ	thêe náp thěu
respeitar (vt)	นับถือ	náp thěu
respeito (m)	ความนับถือ	khwaam náp thěu
Estimado ..., Caro ...	ทาน	thâan
apresentar	แนะนำ	náe nam
(alguém a alguém)		

conhecer (vt)	รู้จัก	róo jàk
intenção (f)	ความตั้งใจ	khwaam dtâng jai
tencionar (~ fazer algo)	ตั้งใจ	dtâng jai
desejo (de boa sorte)	การขอพร	gaan khŏr phon
desejar (ex. ~ boa sorte)	ขอ	khŏr
surpresa (f)	ความประหลาดใจ	khwaam bprà-làat jai
surpreender (vt)	ทำให้...ประหลาดใจ	tham hâi...bprà-làat jai
surpreender-se (vr)	ประหลาดใจ	bprà-làat jai
dar (vt)	ให้	hâi
pegar (tomar)	รับ	ráp
devolver (vt)	ให้คืน	hâi kheun
retornar (vt)	เอาคืน	ao kheun
desculpar-se (vr)	ขอโทษ	khŏr thôht
desculpa (f)	คำขอโทษ	kham khŏr thôht
perdoar (vt)	ให้อภัย	hâi a-phai
falar (vi)	คุยกัน	khui gan
escutar (vt)	ฟัง	fang
ouvir até o fim	ฟังจนจบ	fang jon jòp
entender (compreender)	เข้าใจ	khâo jai
mostrar (vt)	แสดง	sà-daeng
olhar para ...	ดู	doo
chamar (alguém para ...)	เรียก	rîak
perturbar, distrair (vt)	รบกวน	róp guan
perturbar (vt)	รุบกวน	róp guan
entregar (~ em mãos)	ส่ง	sòng
pedido (m)	ข้อร้องขอ	khôr rórng khŏr
pedir (ex. ~ ajuda)	ร้องขอ	rórng khŏr
exigência (f)	ขอเรียกร้อง	khŏr rîak rórng
exigir (vt)	เรียกร้อง	rîak rórng
insultar (chamar nomes)	แซว	saew
zombar (vt)	ล้อเลียน	lór lian
zombaria (f)	ข้อล้อเลียน	khôr lór lian
alcunha (f), apelido (m)	ชื่อเล่น	chêu lên
insinuação (f)	การพูดเป็นนัย	gaan phôot bpen nai
insinuar (vt)	พูดเป็นนัย	phôot bpen nai
querer dizer	หมายความว่า	măai khwaam wâa
descrição (f)	คำพรรณนา	kham phan-ná-naa
descrever (vt)	พรรณนา	phan-ná-naa
elogio (m)	คำชม	kham chom
elogiar (vt)	ชม	chom
desapontamento (m)	ความผิดหวัง	khwaam phìt wăng
desapontar (vt)	ทำให้...ผิดหวัง	tham hâi...phìt wăng
desapontar-se (vr)	ผิดหวัง	phìt wăng
suposição (f)	ข้อสมมุติ	khôr sŏm mút
supor (vt)	สมมุติ	sŏm mút

| advertência (f) | คำเตือน | kham dteuan |
| advertir (vt) | เตือน | dteuan |

64. Discussão, conversação. Parte 3

| convencer (vt) | เกลี้ยกล่อม | glîak-glôrm |
| acalmar (vt) | ทำให้...สงบ | tham hâi...sà-ngòp |

silêncio (o ~ é de ouro)	ความเงียบ	khwaam ngîap
ficar em silêncio	เงียบ	ngîap
sussurrar (vt)	กระซิบ	grà síp
sussurro (m)	เสียงกระซิบ	sĭang grà síp

| francamente | พูดตรงๆ | phôot dtrorng dtrorng |
| na minha opinião ... | ในสายตาของ
ผม/ฉัน... | nai sǎai dtaa-kŏrng
phŏm/chǎn... |

detalhe (~ da história)	รายละเอียด	raai lá-ìat
detalhado (adj)	โดยละเอียด	doi lá-ìat
detalhadamente	อย่างละเอียด	yàang lá-ìat

| dica (f) | คำบอกใบ้ | kham bòrk bâi |
| dar uma dica | บอกใบ้ | bòrk bâi |

olhar (m)	การมอง	gaan morng
dar uma olhada	มอง	morng
fixo (olhada ~a)	จ้อง	jôrng
piscar (vi)	กระพริบตา	grà phríp dtaa
piscar (vt)	ขยิบตา	khà-yìp dtaa
acenar com a cabeça	พยักหน้า	phá-yák nâa

suspiro (m)	การถอนหายใจ	gaan thŏrn hǎi jai
suspirar (vi)	ถอนหายใจ	thŏrn hǎai-jai
estremecer (vi)	สั่น	sàn
gesto (m)	อิริยาบถ	i-rí-yaa-bòt
tocar (com as mãos)	สัมผัส	sǎm-phàt
agarrar (~ pelo braço)	จับ	jàp
bater de leve	แตะ	dtàe

Cuidado!	ระวัง!	rá-wang
Sério?	จริงหรือ?	jing rĕu
Tem certeza?	คุณแน่ใจหรือ?	khun nâe jai rĕu
Boa sorte!	ขอให้โชคดี!	khŏr hâi chôhk dee
Entendi!	ฉันเข้าใจ!	chǎn khâo jai
Que pena!	น่าเสียดาย!	nâa sĭa-daai

65. Acordo. Recusa

consentimento (~ mútuo)	การยินยอม	gaan yin yorm
consentir (vi)	ยินยอม	yin yorm
aprovação (f)	คำอนุมัติ	kham a-nú-mát
aprovar (vt)	อนุมัติ	a-nú-mát

recusa (f)	คำปฏิเสธ	kham bpà-dtì-sàyt
negar-se a ...	ปฏิเสธ	bpà-dtì-sàyt
Ótimo!	เยี่ยม!	yîam
Tudo bem!	ดีเลย!	dee loie
Está bem! De acordo!	โอเค!	oh-khay
proibido (adj)	ไม่ได้รับอนุญาต	mâi dâai ráp a-nú-yâat
é proibido	ห้าม	hâam
é impossível	มันเป็นไปไม่ได้	man bpen bpai mâi dâai
incorreto (adj)	ไม่ถูกต้อง	mâi thòok dtôrng
rejeitar (~ um pedido)	ปฏิเสธ	bpà-dtì-sàyt
apoiar (vt)	สนับสนุน	sà-nàp-sà-nǔn
aceitar (desculpas, etc.)	ยอมรับ	yorm ráp
confirmar (vt)	ยืนยัน	yeun yan
confirmação (f)	คำยืนยัน	kham yeun yan
permissão (f)	คำอนุญาต	kham a-nú-yâat
permitir (vt)	อนุญาต	a-nú-yâat
decisão (f)	การตัดสินใจ	gaan dtàt sǐn jai
não dizer nada	ไม่พูดอะไร	mâi phôot a-rai
condição (com uma ~)	เงื่อนไข	ngêuan khǎi
pretexto (m)	ข้ออ้าง	khôr âang
elogio (m)	คำชม	kham chom
elogiar (vt)	ชม	chom

66. Sucesso. Boa sorte. Insucesso

êxito, sucesso (m)	ความสำเร็จ	khwaam sǎm-rèt
com êxito	ให้เป็นผลสำเร็จ	hâi bpen phǒn sǎm-rèt
bem sucedido (adj)	ที่สำเร็จ	thêe sǎm-rèt
sorte (fortuna)	โชค	chôhk
Boa sorte!	ขอให้โชคดี!	khǒr hâi chôhk dee
de sorte	มีโชค	mee chôhk
sortudo, felizardo (adj)	มีโชคดี	mee chôhk dee
fracasso (m)	ความล้มเหลว	khwaam lóm lěo
pouca sorte (f)	โชคร้าย	chôhk ráai
azar (m), má sorte (f)	โชคร้าย	chôhk ráai
mal sucedido (adj)	ไม่ประสบ ความสำเร็จ	mâi bprà-sòp khwaam sǎm-rèt
catástrofe (f)	ความล้มเหลว	khwaam lóm lěo
orgulho (m)	ความภาคภูมิใจ	khwaam phâak phoom jai
orgulhoso (adj)	ภูมิใจ	phoom jai
estar orgulhoso, -a	ภูมิใจ	phoom jai
vencedor (m)	ผู้ชนะ	phôo chá-ná
vencer (vi, vt)	ชนะ	chá-ná
perder (vt)	แพ้	pháe
tentativa (f)	ความพยายาม	khwaam phá-yaa-yaam

| tentar (vt) | พยายาม | phá-yaa-yaam |
| chance (m) | โอกาส | oh-gàat |

67. Conflitos. Emoções negativas

grito (m)	เสียงตะโกน	sĭang dtà-gohn
gritar (vi)	ตะโกน	dtà-gohn
começar a gritar	เริ่มตะโกน	rêrm dtà-gohn

discussão (f)	การทะเลาะ	gaan thá-lór
brigar (discutir)	ทะเลาะ	thá-lór
escândalo (m)	ความทะเลาะ	khwaam thá-lór
criar escândalo	ตีโพยตีพาย	dtee phoi dtee phaai
conflito (m)	ความขัดแย้ง	khwaam khàt yáeng
mal-entendido (m)	การเข้าใจผิด	gaan khâo jai phìt

insulto (m)	คำดูถูก	kham doo thòok
insultar (vt)	ดูถูก	doo thòok
insultado (adj)	โดนดูถูก	dohn doo thòok
ofensa (f)	ความเคียดแค้น	khwaam khîat-kháen
ofender (vt)	ล่วงเกิน	lûang gern
ofender-se (vr)	ถือสา	thĕu săa

indignação (f)	ความโกรธแค้น	khwaam gròht kháen
indignar-se (vr)	ขุ่นเคือง	khùn kheuang
queixa (f)	คำร้อง	kham rórng
queixar-se (vr)	บ่น	bòn

desculpa (f)	คำขอโทษ	kham khŏr thôht
desculpar-se (vr)	ขอโทษ	khŏr thôht
pedir perdão	ขออภัย	khŏr a-phai

crítica (f)	คำวิจารณ์	kham wí-jaan
criticar (vt)	วิจารณ์	wí-jaan
acusação (f)	การกล่าวหา	gaan glàao hăa
acusar (vt)	กล่าวหา	glàao hăa

vingança (f)	การแก้แค้น	gaan gâe kháen
vingar (vt)	แก้แค้น	gâe kháen
vingar-se de	แก้แค้น	gâe kháen

desprezo (m)	ความดูหมิ่น	khwaam doo mìn
desprezar (vt)	ดูหมิ่น	doo mìn
ódio (m)	ความเกลียดชัง	khwaam glìat chang
odiar (vt)	เกลียด	glìat

nervoso (adj)	กระวนกระวาย	grà won grà waai
estar nervoso	กระวนกระวาย	grà won grà waai
zangado (adj)	โกรธ	gròht
zangar (vt)	ทำให้...โกรธ	tham hâi...gròht

humilhação (f)	ความเสียดเย้ย	khwaam sìat yóie
humilhar (vt)	ฉีกหน้า	chèek nâa
humilhar-se (vr)	ฉีกหน้าตนเอง	chèek nâa dton ayng

choque (m)	ความตกตะลึง	khwaam dtòk dtà-leung
chocar (vt)	ทำให้...ตกตะลึง	tham hâi...dtòk dtà-leung
aborrecimento (m)	ปัญหา	bpan-hǎa
desagradável (adj)	ไม่น่าฟังพอใจ	mâi nâa pheung phor jai
medo (m)	ความกลัว	khwaam glua
terrível (tempestade, etc.)	แย	yâe
assustador (ex. história ~a)	น่ากลัว	nâa glua
horror (m)	ความกลัว	khwaam glua
horrível (crime, etc.)	แยมาก	yâe mâak
começar a tremer	เริ่มตัวสั่น	rêrm dtua sàn
chorar (vi)	ร้องไห้	rórng hâi
começar a chorar	เริ่มร้องไห้	rêrm rórng hâi
lágrima (f)	น้ำตา	nám dtaa
falta (f)	ความผิด	khwaam phìt
culpa (f)	ผิด	phìt
desonra (f)	เสียเกียรติ	sǐa gìat
protesto (m)	การประท้วง	gaan bprà-thúang
estresse (m)	ความวาวุ่นใจ	khwaam wáa-wûn-jai
perturbar (vt)	รบกวน	róp guan
zangar-se com ...	โกรธจัด	gròht jàt
zangado (irritado)	โกรธ	gròht
terminar (vt)	ยุติ	yút-dtì
praguejar	ดุดา	dù dàa
assustar-se	ตกใจ	dtòk jai
golpear (vt)	ตี	dtee
brigar (na rua, etc.)	สู้	sôo
resolver (o conflito)	ยุติ	yút-dtì
descontente (adj)	ไม่พอใจ	mâi phor jai
furioso (adj)	โกรธจัด	gròht jàt
Não está bem!	มันไม่ค่อยดี	man mâi khôi dee
É ruim!	มันไม่ดีเลย	man mâi dee loie

Medicina

68. Doenças

doença (f)	โรค	rôhk
estar doente	ป่วย	bpùay
saúde (f)	สุขภาพ	sùk-khà-phâap
nariz (m) escorrendo	น้ำมูกไหล	nám môok lǎi
amigdalite (f)	ต่อมทอนซิลอักเสบ	dtòm thorn-sin àk-sàyp
resfriado (m)	หวัด	wàt
ficar resfriado	เป็นหวัด	bpen wàt
bronquite (f)	โรคหลอดลมอักเสบ	rôhk lòrt lom àk-sàyp
pneumonia (f)	โรคปอดบวม	rôhk bpòrt-buam
gripe (f)	ไข้หวัดใหญ่	khâi wàt yài
míope (adj)	สายตาสั้น	sǎai dtaa sân
presbita (adj)	สายตายาว	sǎai dtaa yaao
estrabismo (m)	ตาเหล่	dtaa làe
estrábico, vesgo (adj)	เป็นตาเหล่	bpen dtaa kǎy rěu làe
catarata (f)	ตุ่อกระจก	dtôr grà-jòk
glaucoma (m)	ตอหิน	dtôr hǐn
AVC (m), apoplexia (f)	โรคหลอดเลือดสมอง	rôhk lòrt lêuat sà-mǒrng
ataque (m) cardíaco	อาการหัวใจวาย	aa-gaan hǔa jai waai
enfarte (m) do miocárdio	กล้ามเนื้อหัวใจตาย	glâam néua hǔa jai dtaai
	เหตุขาดเลือด	hàyt khàat lêuat
paralisia (f)	อัมพาต	am-má-phâat
paralisar (vt)	ทำให้เป็นอัมพาต	tham hâi bpen am-má-phâat
alergia (f)	ภูมิแพ้	phoom pháe
asma (f)	โรคหืด	rôhk hèut
diabetes (f)	โรคเบาหวาน	rôhk bao wǎan
dor (f) de dente	อาการปวดฟัน	aa-gaan bpùat fan
cárie (f)	ฟันผุ	fan phù
diarreia (f)	อาการท้องเสีย	aa-gaan thórng sǐa
prisão (f) de ventre	อาการท้องผูก	aa-gaan thórng phòok
desarranjo (m) intestinal	อาการปวดท้อง	aa-gaan bpùat thórng
intoxicação (f) alimentar	ภาวะอาหารเป็นพิษ	phaa-wá aa hǎan bpen pít
intoxicar-se	กินอาหารเป็นพิษ	gin aa hǎan bpen phít
artrite (f)	โรคข้ออักเสบ	rôhk khôr àk-sàyp
raquitismo (m)	โรคกระดูกอ่อน	rôhk grà-dòok òrn
reumatismo (m)	โรครูมาติก	rôhk roo-maa-dtìk
arteriosclerose (f)	ภาวะหลอดเลือดแข็ง	phaa-wá lòrt lêuat khǎeng
gastrite (f)	โรคกระเพาะอาหาร	rôhk grà-phór aa-hǎan
apendicite (f)	ไส้ติ่งอักเสบ	sâi dtìng àk-sàyp

colecistite (f)	โรคถุงน้ำดีอักเสบ	rôhk thŭng nám dee àk-sàyp
úlcera (f)	แผลเปื่อย	phlăe bpèuay
sarampo (m)	โรคหัด	rôhk hàt
rubéola (f)	โรคหัดเยอรมัน	rôhk hàt yer-rá-man
icterícia (f)	โรคดีซ่าน	rôhk dee sâan
hepatite (f)	โรคตับอักเสบ	rôhk dtàp àk-sàyp
esquizofrenia (f)	โรคจิตเภท	rôhk jìt-dtà-phâyt
raiva (f)	โรคพิษสุนัขบ้า	rôhk phít sù-nák bâa
neurose (f)	โรคประสาท	rôhk bprà-sàat
contusão (f) cerebral	สมองกระทบกระเทือน	sà-mŏrng grà-thóp grà-theuan
câncer (m)	มะเร็ง	má-reng
esclerose (f)	การแข็งตัวของเนื้อเยื่อร่างกาย	gaan kăeng dtua kŏng néua yêua râang gaai
esclerose (f) múltipla	โรคปลอกประสาทเสื่อมแข็ง	rôhk bplòk bprà-sàat sèuam kăeng
alcoolismo (m)	โรคพิษสุราเรื้อรัง	rôhk phít sù-raa réua rang
alcoólico (m)	คนขี้เหล้า	khon khêe lâo
sífilis (f)	โรคซิฟิลิส	rôhk sí-fí-lít
AIDS (f)	โรคเอดส์	rôhk àyt
tumor (m)	เนื้องอก	néua ngôk
maligno (adj)	ร้าย	ráai
benigno (adj)	ไม่ร้าย	mâi ráai
febre (f)	ไข้	khâi
malária (f)	ไข้มาลาเรีย	kâi maa-laa-ria
gangrena (f)	เนื้อตายเน่า	néua dtaai nâo
enjoo (m)	ภาวะเมาคลื่น	phaa-wá mao khlêun
epilepsia (f)	โรคลมบ้าหมู	rôhk lom bâa-mŏo
epidemia (f)	โรคระบาด	rôhk rá-bàat
tifo (m)	โรครากสาดใหญ่	rôhk râak-sàat yài
tuberculose (f)	วัณโรค	wan-ná-rôhk
cólera (f)	อหิวาตกโรค	a-hì-wâat-gà-rôhk
peste (f) bubônica	กาฬโรค	gaan-lá-rôhk

69. Sintomas. Tratamentos. Parte 1

sintoma (m)	อาการ	aa-gaan
temperatura (f)	อุณหภูมิ	un-hà-phoom
febre (f)	อุณหภูมิสูง	un-hà-phoom sŏong
pulso (m)	ชีพจร	chêep-phá-jon
vertigem (f)	อาการเวียนหัว	aa-gaan wian hŭa
quente (testa, etc.)	ร้อน	rórn
calafrio (m)	หนาวสั่น	năao sàn
pálido (adj)	หน้าเซียว	nâa sieow
tosse (f)	การไอ	gaan ai
tossir (vi)	ไอ	ai

espirrar (vi)	จาม	jaam
desmaio (m)	การเป็นลม	gaan bpen lom
desmaiar (vi)	เป็นลม	bpen lom
mancha (f) preta	ฟกช้ำ	fók chám
galo (m)	บวม	buam
machucar-se (vr)	ชน	chon
contusão (f)	รอยฟกช้ำ	roi fók chám
machucar-se (vr)	ได้รอยช้ำ	dâai roi chám
mancar (vi)	กะโผลกกะเผลก	gà-phlòhk-gà-phlàyk
deslocamento (f)	ข้อหลุด	khôr lùt
deslocar (vt)	ทำข้อหลุด	tham khôr lùt
fratura (f)	กระดูกหัก	grà-dòok hàk
fraturar (vt)	หักกระดูก	hàk grà-dòok
corte (m)	รอยบาด	roi bàat
cortar-se (vr)	ทำบาด	tham bàat
hemorragia (f)	การเลือดไหล	gaan lêuat lăi
queimadura (f)	แผลไฟไหม้	phlăe fai mâi
queimar-se (vr)	ได้รับแผลไฟไหม้	dâai ráp phlăe fai mâi
picar (vt)	ตำ	dtam
picar-se (vr)	ตำตัวเอง	dtam dtua ayng
lesionar (vt)	ทำให้บาดเจ็บ	tham hâi bàat jèp
lesão (m)	การบาดเจ็บ	gaan bàat jèp
ferida (f), ferimento (m)	แผล	phlăe
trauma (m)	แผลบาดเจ็บ	phlăe bàat jèp
delirar (vi)	คลุ้มคลั่ง	khlúm khlâng
gaguejar (vi)	พูดตะกุกตะกัก	phôot dtà-gùk-dtà-gàk
insolação (f)	โรคลมแดด	rôhk lom dàet

70. Sintomas. Tratamentos. Parte 2

dor (f)	ความเจ็บปวด	khwaam jèp bpùat
farpa (no dedo, etc.)	เสี้ยน	sîan
suor (m)	เหงื่อ	ngèua
suar (vi)	เหงื่อออก	ngèua òrk
vômito (m)	การอาเจียน	gaan aa-jian
convulsões (f pl)	การชัก	gaan chák
grávida (adj)	ตั้งครรภ์	dtâng khan
nascer (vi)	เกิด	gèrt
parto (m)	การคลอด	gaan khlôrt
dar à luz	คลอดบุตร	khlôrt bùt
aborto (m)	การแทงบุตร	gaan tháeng bùt
respiração (f)	การหายใจ	gaan hăai-jai
inspiração (f)	การหายใจเข้า	gaan hăai-jai khâo
expiração (f)	การหายใจออก	gaan hăai-jai òrk
expirar (vi)	หายใจออก	hăai-jai òrk

inspirar (vi)	หายใจเข้า	hăai-jai khâo
inválido (m)	คนพิการ	khon phí-gaan
aleijado (m)	พิการ	phí-gaan
drogado (m)	ผู้ติดยาเสพติด	phôo dtìt yaa-sàyp-dtìt

surdo (adj)	หูหนวก	hŏo nùak
mudo (adj)	เป็นใบ้	bpen bâi
surdo-mudo (adj)	หูหนวกเป็นใบ้	hŏo nùak bpen bâi

louco, insano (adj)	บ้า	bâa
louco (m)	คนบ้า	khon bâa
louca (f)	คนบ้า	khon bâa
ficar louco	เสียสติ	sĭa sà-dtì

gene (m)	ยีน	yeun
imunidade (f)	ภูมิคุ้มกัน	phoom khúm gan
hereditário (adj)	เป็นกรรมพันธุ์	bpen gam-má-phan
congênito (adj)	แต่กำเนิด	dtàe gam-nèrt

vírus (m)	เชื้อไวรัส	chéua wai-rát
micróbio (m)	จุลินทรีย์	jù-lin-see
bactéria (f)	แบคทีเรีย	bàek-tee-ria
infecção (f)	การติดเชื้อ	gaan dtìt chéua

71. Sintomas. Tratamentos. Parte 3

| hospital (m) | โรงพยาบาล | rohng phá-yaa-baan |
| paciente (m) | ผู้ป่วย | phôo bpùay |

diagnóstico (m)	การวินิจฉัยโรค	gaan wí-nít-chăi rôhk
cura (f)	การรักษา	gaan rák-săa
tratamento (m) médico	การรักษา ทางการแพทย์	gaan rák-săa thaang gaan phâet
curar-se (vr)	รับการรักษา	ráp gaan rák-săa
tratar (vt)	รักษา	rák-săa
cuidar (pessoa)	รักษา	rák-săa
cuidado (m)	การดูแลรักษา	gaan doo lae rák-săa

operação (f)	การผ่าตัด	gaan phàa dtàt
enfaixar (vt)	พันแผล	phan phlăe
enfaixamento (m)	การพันแผล	gaan phan phlăe

vacinação (f)	การฉีดวัคซีน	gaan chèet wák-seen
vacinar (vt)	ฉีดวัคซีน	chèet wák-seen
injeção (f)	การฉีดยา	gaan chèet yaa
dar uma injeção	ฉีดยา	chèet yaa

ataque (~ de asma, etc.)	มีอาการเฉียบพลัน	mee aa-gaan chìap phlan
amputação (f)	การตัดอวัยวะออก	gaan dtàt a-wai-wá òrk
amputar (vt)	ตัด	dtàt
coma (f)	อาการโคม่า	aa-gaan khoh-mâa
estar em coma	อยู่ในอาการโคม่า	yòo nai aa-gaan khoh-mâa
reanimação (f)	หน่วยอภิบาล	nùay à-phí-baan
recuperar-se (vr)	ฟื้นตัว	féun dtua

estado (~ de saúde)	อาการ	aa-gaan
consciência (perder a ~)	สติสัมปชัญญะ	sà-dtì săm-bpà-chan-yá
memória (f)	ความทรงจำ	khwaam song jam
tirar (vt)	ถอน	thŏrn
obturação (f)	การอุด	gaan ùt
obturar (vt)	อุด	ùt
hipnose (f)	การสะกดจิต	gaan sà-gòt jìt
hipnotizar (vt)	สะกดจิต	sà-gòt jìt

72. Médicos

médico (m)	แพทย์	phâet
enfermeira (f)	พยาบาล	phá-yaa-baan
médico (m) pessoal	แพทย์ส่วนตัว	phâet sùan dtua
dentista (m)	ทันตแพทย์	than-dtà phâet
oculista (m)	จักษุแพทย์	jàk-sù phâet
terapeuta (m)	อายุรแพทย์	aa-yú-rá-phâet
cirurgião (m)	ศัลยแพทย์	săn-yá-phâet
psiquiatra (m)	จิตแพทย์	jìt-dtà-phâet
pediatra (m)	กุมารแพทย์	gù-maan phâet
psicólogo (m)	นักจิตวิทยา	nák jìt wít-thá-yaa
ginecologista (m)	นรีแพทย์	ná-ree phâet
cardiologista (m)	หทัยแพทย์	hà-thai phâet

73. Medicina. Drogas. Acessórios

medicamento (m)	ยา	yaa
remédio (m)	ยา	yaa
receitar (vt)	จ่ายยา	jàai yaa
receita (f)	ใบสั่งยา	bai sàng yaa
comprimido (m)	ยาเม็ด	yaa mét
unguento (m)	ยาทา	yaa thaa
ampola (f)	หลอดยา	lòrt yaa
solução, preparado (m)	ยาส่วนผสม	yaa sùan phà-sŏm
xarope (m)	น้ำเชื่อม	nám chêuam
cápsula (f)	ยาเม็ด	yaa mét
pó (m)	ยาผง	yaa phŏng
atadura (f)	ผ้าพันแผล	phâa phan phlăe
algodão (m)	สำลี	săm-lee
iodo (m)	ไอโอดีน	ai oh-deen
curativo (m) adesivo	พลาสเตอร์	phláat-dtêr
conta-gotas (m)	ที่หยอดตา	thêe yòrt dtaa
termômetro (m)	ปรอท	bpa -ròrt
seringa (f)	เข็มฉีดยา	khĕm chèet-yaa
cadeira (f) de rodas	รถเข็นคนพิการ	rót khĕn khon phí-gaan

muletas (f pl)	ไม้ค้ำยัน	máai khám yan
analgésico (m)	ยาแก้ปวด	yaa gâe bpùat
laxante (m)	ยาระบาย	yaa rá-baai
álcool (m)	เอธานอล	ay-thaa-norn
ervas (f pl) medicinais	สมุนไพร ทางการแพทย์	sà-mǔn phrai thaang gaan phâet
de ervas (chá ~)	สมุนไพร	sà-mǔn phrai

74. Fumar. Produtos tabágicos

tabaco (m)	ยาสูบ	yaa sòop
cigarro (m)	บุหรี่	bù rèe
charuto (m)	ซิการ์	sí-gâa
cachimbo (m)	ไปป์	bpai
maço (~ de cigarros)	ซอง	sorng
fósforos (m pl)	ไม้ขีด	máai khèet
caixa (f) de fósforos	กล่องไม้ขีด	glòrng máai khèet
isqueiro (m)	ไฟแช็ก	fai cháek
cinzeiro (m)	ที่เขี่ยบุหรี่	thêe khìa bù rèe
cigarreira (f)	กล่องใส่บุหรี่	glòrng sài bù rèe
piteira (f)	ที่ต่อบุหรี่	thêe dtòr bù rèe
filtro (m)	ตัวกรองบุหรี่	dtua grorng bù rèe
fumar (vi, vt)	สูบ	sòop
acender um cigarro	จุดบุหรี่	jùt bù rèe
tabagismo (m)	การสูบบุหรี่	gaan sòop bù rèe
fumante (m)	ผู้สูบบุหรี่	pôo sòop bù rèe
bituca (f)	ก้นบุหรี่	gôn bù rèe
fumaça (f)	ควันบุหรี่	khwan bù rèe
cinza (f)	ขี้บุหรี่	khêe bù rèe

HABITAT HUMANO

Cidade

75. Cidade. Vida na cidade

cidade (f)	เมือง	meuang
capital (f)	เมืองหลวง	meuang lŭang
aldeia (f)	หมู่บ้าน	mòo bâan
mapa (m) da cidade	แผนที่เมือง	phăen thêe meuang
centro (m) da cidade	ใจกลางเมือง	jai glaang-meuang
subúrbio (m)	ชานเมือง	chaan meuang
suburbano (adj)	ชานเมือง	chaan meuang
periferia (f)	รอบนอกเมือง	rôrp nôrk meuang
arredores (m pl)	เขตรอบเมือง	khàyt rôrp-meuang
quarteirão (m)	บล็อกผังเมือง	blòrk phăng meuang
quarteirão (m) residencial	บล็อกที่อยู่อาศัย	blòrk thêe yòo aa-săi
tráfego (m)	การจราจร	gaan jà-raa-jon
semáforo (m)	ไฟจราจร	fai jà-raa-jon
transporte (m) público	ขนส่งมวลชน	khŏn sòng muan chon
cruzamento (m)	สี่แยก	sèe yâek
faixa (f)	ทางม้าลาย	thaang máa laai
túnel (m) subterrâneo	อุโมงค์คนเดิน	u-mohng kon dern
cruzar, atravessar (vt)	ข้าม	khâam
pedestre (m)	คนเดินเท้า	khon dern tháo
calçada (f)	ทางเทา	thaang tháo
ponte (f)	สะพาน	sà-phaan
margem (f) do rio	ทางเลียบแม่น้ำ	thaang lîap mâe náam
fonte (f)	น้ำพุ	nám phú
alameda (f)	ทางเลียบสวน	thaang lîap sŭan
parque (m)	สวน	sŭan
bulevar (m)	ถนนกว้าง	thà-nŏn gwâang
praça (f)	จัตุรัส	jàt-dtù-ràt
avenida (f)	ถนนใหญ่	thà-nŏn yài
rua (f)	ถนน	thà-nŏn
travessa (f)	ซอย	soi
beco (m) sem saída	ทางตัน	thaang dtan
casa (f)	บ้าน	bâan
edifício, prédio (m)	อาคาร	aa-khaan
arranha-céu (m)	ตึกระฟ้า	dtèuk rá-fáa
fachada (f)	ด้านหน้าอาคาร	dâan-nâa aa-khaan
telhado (m)	หลังคา	lăng khaa

janela (f)	หน้าต่าง	nâa dtàang
arco (m)	ซุ้มประตู	súm bprà-dtoo
coluna (f)	เสา	săo
esquina (f)	มุม	mum
vitrine (f)	หน้าต่างร้านค้า	nâa dtàang ráan kháa
letreiro (m)	ป้ายราน	bpâai ráan
cartaz (do filme, etc.)	โปสเตอร์	bpòht-dtêr
cartaz (m) publicitário	ป้ายโฆษณา	bpâai khôht-sà-naa
painel (m) publicitário	กระดานปิดประกาศโฆษณา	grà-daan bpìt bprà-gàat khôht-sà-naa
lixo (m)	ขยะ	khà-yà
lata (f) de lixo	ถังขยะ	thăng khà-yà
jogar lixo na rua	ทิ้งขยะ	thíng khà-yà
aterro (m) sanitário	ที่ทิ้งขยะ	thêe thíng khà-yà
orelhão (m)	ตู้โทรศัพท์	dtôo thoh-rá-sàp
poste (m) de luz	เสาโคม	săo khohm
banco (m)	ม้านั่ง	máa nâng
polícia (m)	เจ้าหน้าที่ตำรวจ	jâo nâa-thêe dtam-rùat
polícia (instituição)	ตำรวจ	dtam-rùat
mendigo, pedinte (m)	ขอทาน	khŏr thaan
desabrigado (m)	คนไร้บ้าน	khon rái bâan

76. Instituições urbanas

loja (f)	ร้านค้า	ráan kháa
drogaria (f)	ร้านขายยา	ráan khăai yaa
ótica (f)	รานตัดแว่น	ráan dtàt wâen
centro (m) comercial	ศูนย์การค้า	sŏon gaan kháa
supermercado (m)	ซูเปอร์มาร์เก็ต	soo-bper-maa-gèt
padaria (f)	ร้านขนมปัง	ráan khà-nŏm bpang
padeiro (m)	คนอบขนมปัง	khon òp khà-nŏm bpang
pastelaria (f)	ร้านขนม	ráan khà-nŏm
mercearia (f)	ร้านขายของชำ	ráan khăai khŏrng cham
açougue (m)	รานขายเนื้อ	ráan khăai néua
fruteira (f)	ร้านขายผัก	ráan khăai phàk
mercado (m)	ตลาด	dtà-làat
cafeteria (f)	ร้านกาแฟ	ráan gaa-fae
restaurante (m)	รานอาหาร	ráan aa-hăan
bar (m)	บาร์	baa
pizzaria (f)	รานพิซซ่า	ráan phís-sâa
salão (m) de cabeleireiro	ร้านทำผม	ráan tham phŏm
agência (f) dos correios	โรงไปรษณีย์	rohng bprai-sà-nee
lavanderia (f)	ร้านซักแห้ง	ráan sák hâeng
estúdio (m) fotográfico	ห้องถ่ายภาพ	hôrng thàai phâap
sapataria (f)	ร้านขายรองเท้า	ráan khăai rorng táo
livraria (f)	ร้านขายหนังสือ	ráan khăai năng-sĕu

loja (f) de artigos esportivos	ร้านขายอุปกรณ์กีฬา	ráan khǎai u-bpà-gon gee-laa
costureira (m)	ร้านซ่อมเสื้อผ้า	ráan sôrm sêua phâa
aluguel (m) de roupa	ร้านเช่าเสื้อออกงาน	ráan châo sêua òrk ngaan
videolocadora (f)	ร้านเช่าวิดีโอ	ráan châo wí-dee-oh
circo (m)	โรงละครสัตว์	rohng lá-khon sàt
jardim (m) zoológico	สวนสัตว์	sǔan sàt
cinema (m)	โรงภาพยนตร์	rohng phâap-phá-yon
museu (m)	พิพิธภัณฑ์	phí-phítha phan
biblioteca (f)	ห้องสมุด	hôrng sà-mùt
teatro (m)	โรงละคร	rohng lá-khon
ópera (f)	โรงอุปรากร	rohng ù-bpà-raa-gon
boate (casa noturna)	ไนท์คลับ	nai-khláp
cassino (m)	คาสิโน	khaa-sì-noh
mesquita (f)	สุเหร่า	sù-rào
sinagoga (f)	โบสถ์ยิว	bòht yiw
catedral (f)	อาสนวิหาร	aa sǒn wí-hǎan
templo (m)	วิหาร	wí-hǎan
igreja (f)	โบสถ์	bòht
faculdade (f)	วิทยาลัย	wít-thá-yaa-lai
universidade (f)	มหาวิทยาลัย	má-hǎa wít-thá-yaa-lai
escola (f)	โรงเรียน	rohng rian
prefeitura (f)	ศาลากลางจังหวัด	sǎa-laa glaang jang-wàt
câmara (f) municipal	ศาลาเทศบาล	sǎa-laa thâyt-sà-baan
hotel (m)	โรงแรม	rohng raem
banco (m)	ธนาคาร	thá-naa-khaan
embaixada (f)	สถานทูต	sà-thǎan thôot
agência (f) de viagens	บริษัททัวร์	bor-rí-sàt thua
agência (f) de informações	สำนักงาน	sǎm-nák ngaan
	ศูนย์ขอมูล	sǒon khôr moon
casa (f) de câmbio	ร้านแลกเงิน	ráan lâek ngern
metrô (m)	รถไฟใต้ดิน	rót fai dtâi din
hospital (m)	โรงพยาบาล	rohng phá-yaa-baan
posto (m) de gasolina	ปั๊มน้ำมัน	bpám náam man
parque (m) de estacionamento	ลานจอดรถ	laan jòrt rót

77. Transportes urbanos

ônibus (m)	รถเมล์	rót may
bonde (m) elétrico	รถราง	rót raang
trólebus (m)	รถโดยสารประจำ	rót doi sǎan bprà-jam
	ทางไฟฟ้า	thaang fai fáa
rota (f), itinerário (m)	เส้นทาง	sên thaang
número (m)	หมายเลข	mǎai lâyk
ir de ... (carro, etc.)	ไปด้วย	bpai dûay
entrar no ...	ขึ้น	khêun

descer do ...	ลง	long
parada (f)	ป้าย	bpâai
próxima parada (f)	ป้ายถัดไป	bpâai thàt bpai
terminal (m)	ป้ายสุดท้าย	bpâai sùt tháai
horário (m)	ตารางเวลา	dtaa-raang way-laa
esperar (vt)	รอ	ror
passagem (f)	ตั๋ว	dtŭa
tarifa (f)	ค่าตั๋ว	khâa dtŭa
bilheteiro (m)	คนขายตั๋ว	khon khăai dtŭa
controle (m) de passagens	การตรวจตั๋ว	gaan dtrùat dtŭa
revisor (m)	พนักงานตรวจตั๋ว	phá-nák ngaan dtrùat dtŭa
atrasar-se (vr)	ไปสาย	bpai săai
perder (o autocarro, etc.)	พลาด	phlâat
estar com pressa	รีบเร่ง	rêep râyng
táxi (m)	แท็กซี่	tháek-sêe
taxista (m)	คนขับแท็กซี่	khon khàp tháek-sêe
de táxi (ir ~)	โดยแท็กซี่	doi tháek-sêe
ponto (m) de táxis	ป้ายจอดแท็กซี่	bpâai jòrt tháek sêe
chamar um táxi	เรียกแท็กซี่	rîak tháek sêe
pegar um táxi	ขึ้นรถแท็กซี่	khêun rót tháek-sêe
tráfego (m)	การจราจร	gaan jà-raa-jon
engarrafamento (m)	การจราจรติดขัด	gaan jà-raa-jon dtìt khàt
horas (f pl) de pico	ชั่วโมงเร่งด่วน	chûa mohng râyng dùan
estacionar (vi)	จอด	jòrt
estacionar (vt)	จอด	jòrt
parque (m) de estacionamento	ลานจอดรถ	laan jòrt rót
metrô (m)	รถไฟใต้ดิน	rót fai dtâi din
estação (f)	สถานี	sà-thăa-nee
ir de metrô	ขึ้นรถไฟใต้ดิน	khêun rót fai dtâi din
trem (m)	รถไฟ	rót fai
estação (f) de trem	สถานีรถไฟ	sà-thăa-nee rót fai

78. Turismo

monumento (m)	อนุสาวรีย์	a-nú-săa-wá-ree
fortaleza (f)	ป้อม	bpôrm
palácio (m)	วัง	wang
castelo (m)	ปราสาท	bpraa-sàat
torre (f)	หอ	hŏr
mausoléu (m)	สุสาน	sù-săan
arquitetura (f)	สถาปัตยกรรม	sà-thăa-bpàt-dtà-yá-gam
medieval (adj)	ยุคกลาง	yúk glaang
antigo (adj)	โบราณ	boh-raan
nacional (adj)	แห่งชาติ	hàeng châat
famoso, conhecido (adj)	ที่มีชื่อเสียง	thêe mee chêu-sĭang
turista (m)	นักท่องเที่ยว	nák thôrng thîeow
guia (pessoa)	มัคคุเทศก์	mák-khú-thâyt

excursão (f)	ทัศนศึกษา	thát-sà-ná-sèuk-sǎa
mostrar (vt)	แสดง	sà-daeng
contar (vt)	เลา	lâo

encontrar (vt)	หาพบ	hǎa phóp
perder-se (vr)	หลงทาง	lǒng thaang
mapa (~ do metrô)	แผนที่	phǎen thêe
mapa (~ da cidade)	แผนที่	phǎen thêe

lembrança (f), presente (m)	ของที่ระลึก	khǒrng thêe rá-léuk
loja (f) de presentes	รานขาย	ráan khǎai
	ของที่ระลึก	khǒrng thêe rá-léuk
tirar fotos, fotografar	ถายภาพ	thàai phâap
fotografar-se (vr)	ไดรับการ	dâai ráp gaan
	ถายภาพให	thàai phâap hâi

79. Compras

comprar (vt)	ซื้อ	séu
compra (f)	ของซื้อ	khǒrng séu
fazer compras	ไปซื้อของ	bpai séu khǒrng
compras (f pl)	การชอปปิง	gaan chôp bping

| estar aberta (loja) | เปิด | bpèrt |
| estar fechada | ปิด | bpìt |

calçado (m)	รองเทา	rorng tháo
roupa (f)	เสื้อผา	sêua phâa
cosméticos (m pl)	เครื่องสำอาง	khrêuang sǎm-aang
alimentos (m pl)	อาหาร	aa-hǎan
presente (m)	ของขวัญ	khǒrng khwǎn

| vendedor (m) | พนักงานขาย | phá-nák ngaan khǎai |
| vendedora (f) | พนักงานขาย | phá-nák ngaan khǎai |

caixa (f)	ที่จายเงิน	thêe jàai ngern
espelho (m)	กระจก	grà-jòk
balcão (m)	เดานเตอร	khao-dtêr
provador (m)	หองลองเสื้อผา	hôrng lorng sêua phâa

provar (vt)	ลอง	lorng
servir (roupa, caber)	เหมาะ	mò
gostar (apreciar)	ชอบ	chôrp

preço (m)	ราคา	raa-khaa
etiqueta (f) de preço	ปายราคา	bpâai raa-khaa
custar (vt)	ราคา	raa-khaa
Quanto?	ราคาเทาไหร?	raa-khaa thâo rài
desconto (m)	ลดราคา	lót raa-khaa

não caro (adj)	ไมแพง	mâi phaeng
barato (adj)	ถูก	thòok
caro (adj)	แพง	phaeng
É caro	มันราคาแพง	man raa-khaa phaeng

aluguel (m)	การเช่า	gaan châo
alugar (roupas, etc.)	เช่า	châo
crédito (m)	สินเชื่อ	sĭn chêua
a crédito	ซื้อเงินเชื่อ	séu ngern chêua

80. Dinheiro

dinheiro (m)	เงิน	ngern
câmbio (m)	การแลกเปลี่ยนสกุลเงิน	gaan lâek bplìan sà-gun ngern
taxa (f) de câmbio	อัตราแลกเปลี่ยนสกุลเงิน	àt-dtraa lâek bplìan sà-gun ngern
caixa (m) eletrônico	เอทีเอ็ม	ay-thee-em
moeda (f)	เหรียญ	rĭan
dólar (m)	ดอลลาร์	dorn-lâa
euro (m)	ยูโร	yoo-roh
lira (f)	ลีราอิตาลี	lee-raa ì-dtaa-lee
marco (m)	มาร์ค	mâak
franco (m)	ฟรังค์	frang
libra (f) esterlina	ปอนด์สเตอร์ลิง	bporn sà-dtêr-ling
iene (m)	เยน	yayn
dívida (f)	หนี้	nêe
devedor (m)	ลูกหนี้	lôok nêe
emprestar (vt)	ให้ยืม	hâi yeum
pedir emprestado	ขอยืม	khŏr yeum
banco (m)	ธนาคาร	thá-naa-khaan
conta (f)	บัญชี	ban-chee
depositar (vt)	ฝาก	fàak
depositar na conta	ฝากเงินเข้าบัญชี	fàak ngern khâo ban-chee
sacar (vt)	ถอน	thŏrn
cartão (m) de crédito	บัตรเครดิต	bàt khray-dìt
dinheiro (m) vivo	เงินสด	ngern sòt
cheque (m)	เช็ค	chék
passar um cheque	เขียนเช็ค	khĭan chék
talão (m) de cheques	สมุดเช็ค	sà-mùt chék
carteira (f)	กระเป๋าเงิน	grà-bpăo ngern
niqueleira (f)	กระเป๋าสตางค์	grà-bpăo sà-dtaang
cofre (m)	ตู้เซฟ	dtôo sâyf
herdeiro (m)	ทายาท	thaa-yâat
herança (f)	มรดก	mor-rá-dòrk
fortuna (riqueza)	เงินจำนวนมาก	ngern jam-nuan mâak
arrendamento (m)	สัญญาเช่า	săn-yaa châo
aluguel (pagar o ~)	ค่าเช่า	kâa châo
alugar (vt)	เช่า	châo
preço (m)	ราคา	raa-khaa
custo (m)	ราคา	raa-khaa

soma (f)	จำนวนเงินรวม	jam-nuan ngern ruam
gastar (vt)	จ่าย	jàai
gastos (m pl)	ค่าจ่าย	khâa jàai
economizar (vi)	ประหยัด	bprà-yàt
econômico (adj)	ประหยัด	bprà-yàt
pagar (vt)	จ่าย	jàai
pagamento (m)	การจ่ายเงิน	gaan jàai ngern
troco (m)	เงินทอน	ngern thorn
imposto (m)	ภาษี	phaa-sěe
multa (f)	ค่าปรับ	khâa bpràp
multar (vt)	ปรับ	bpràp

81. Correios. Serviço postal

agência (f) dos correios	โรงไปรษณีย์	rohng bprai-sà-nee
correio (m)	จดหมาย	jòt mǎai
carteiro (m)	บุรุษไปรษณีย์	bù-rùt bprai-sà-nee
horário (m)	เวลาทำการ	way-laa tham gaan
carta (f)	จดหมาย	jòt mǎai
carta (f) registada	จดหมายลงทะเบียน	jòt mǎai long thá-bian
cartão (m) postal	ไปรษณียบัตร	bprai-sà-nee-yá-bàt
telegrama (m)	โทรเลข	thoh-rá-lâyk
encomenda (f)	พัสดุ	phát-sà-dù
transferência (f) de dinheiro	การโอนเงิน	gaan ohn ngern
receber (vt)	รับ	ráp
enviar (vt)	ฝาก	fàak
envio (m)	การฝาก	gaan fàak
endereço (m)	ที่อยู่	thêe yòo
código (m) postal	รหัสไปรษณีย์	rá-hàt bprai-sà-nee
remetente (m)	ผู้ฝาก	phôo fàak
destinatário (m)	ผู้รับ	phôo ráp
nome (m)	ชื่อ	chêu
sobrenome (m)	นามสกุล	naam sà-gun
tarifa (f)	อัตราค่าส่งไปรษณีย์	àt-dtraa khâa sòng bprai-sà-nee
ordinário (adj)	มาตรฐาน	mâat-dtrà-thǎan
econômico (adj)	ประหยัด	bprà-yàt
peso (m)	น้ำหนัก	nám nàk
pesar (estabelecer o peso)	มีน้ำหนัก	mee nám nàk
envelope (m)	ซอง	sorng
selo (m) postal	แสตมป์ไปรษณีย์	sà-dtaem bprai-sà-nee
colar o selo	แสตมป์ตราประทับบนซอง	sà-dtaem dtraa bprà-tháp bon song

Moradia. Casa. Lar

82. Casa. Habitação

casa (f)	บ้าน	bâan
em casa	ที่บ้าน	thêe bâan
pátio (m), quintal (f)	สนาม	sà-năam
cerca, grade (f)	รั้ว	rúa
tijolo (m)	อิฐ	ìt
de tijolos	อิฐ	ìt
pedra (f)	หิน	hĭn
de pedra	หิน	hĭn
concreto (m)	คอนกรีต	khorn-grèet
concreto (adj)	คอนกรีต	khorn-grèet
novo (adj)	ใหม่	mài
velho (adj)	เก่า	gào
decrépito (adj)	เสื่อมสภาพ	sèuam sà-phâap
moderno (adj)	ทันสมัย	than sà-măi
de vários andares	ที่มีหลายชั้น	thêe mee lăai chán
alto (adj)	สูง	sŏong
andar (m)	ชั้น	chán
de um andar	ชั้นเดียว	chán dieow
térreo (m)	ชั้นล่าง	chán lâang
andar (m) de cima	ชั้นบนสุด	chán bon sùt
telhado (m)	หลังคา	lăng khaa
chaminé (f)	ปล่องควัน	bplòrng khwan
telha (f)	กระเบื้องหลังคา	grà-bêuang lăng khaa
de telha	กระเบื้อง	grà-bêuang
sótão (m)	ห้องใต้หลังคา	hôrng dtâi lăng-khaa
janela (f)	หน้าต่าง	nâa dtàang
vidro (m)	แก้ว	gâew
parapeito (m)	ชั้นติดผนัง ใต้หน้าต่าง	chán dtìt phà-năng dtâi nâa dtàang
persianas (f pl)	ชัตเตอร์	chát-dtêr
parede (f)	ฝาผนัง	făa phà-năng
varanda (f)	ระเบียง	rá-biang
calha (f)	รางน้ำ	raang náam
em cima	ชั้นบน	chán bon
subir (vi)	ขึ้นไปข้างบน	khêun bpai khâang bon
descer (vi)	ลง	long
mudar-se (vr)	ย้ายไป	yáai bpai

83. Casa. Entrada. Elevador

entrada (f)	ทางเข้า	thaang khâo
escada (f)	บันได	ban-dai
degraus (m pl)	ขั้นบันได	khân ban-dai
corrimão (m)	ราวบันได	raao ban-dai
hall (m) de entrada	หองโถง	hôrng thŏhng
caixa (f) de correio	ตู้จดหมาย	dtôo jòt mǎai
lata (f) do lixo	ถังขยะ	thăng khà-yà
calha (f) de lixo	ชองทิ้งขยะ	chôrng thíng khà-yà
elevador (m)	ลิฟต์	líf
elevador (m) de carga	ลิฟตขนของ	líf khŏn khŏrng
cabine (f)	กรงลิฟต์	grorng líf
pegar o elevador	ขึ้นลิฟต	khêun líf
apartamento (m)	อพาร์ตเมนต์	a-phâat-mayn
residentes (pl)	ผูอาศัย	phôo aa-sǎi
vizinho (m)	เพื่อนบาน	phêuan bâan
vizinha (f)	เพื่อนบาน	phêuan bâan
vizinhos (pl)	เพื่อนบาน	phêuan bâan

84. Casa. Portas. Fechaduras

porta (f)	ประตู	bprà-dtoo
portão (m)	ประตูรั้ว	bprà-dtoo rúa
maçaneta (f)	ลูกบิดประตู	lôok bìt bprà-dtoo
destrancar (vt)	ไข	khǎi
abrir (vt)	เปิด	bpèrt
fechar (vt)	ปิด	bpìt
chave (f)	ลูกกุญแจ	lôok gun-jae
molho (m)	พวง	phuang
ranger (vi)	ออดแอด	órt-áet
rangido (m)	เสียงออดแอด	sĭang órt-áet
dobradiça (f)	บานพับ	baan pháp
capacho (m)	ที่เช็ดเทา	thêe chét tháo
fechadura (f)	แมกุญแจ	mâe gun-jae
buraco (m) da fechadura	รูกุญแจ	roo gun-jae
barra (f)	ไมที่วางขวาง	máai thêe waang khwǎang
fecho (ferrolho pequeno)	กลอนประตู	glorn bprà-dtoo
cadeado (m)	ดอกกุญแจ	dòrk gun-jae
tocar (vt)	กดออด	gòt òrt
toque (m)	เสียงดัง	sĭang dang
campainha (f)	กระดิ่งประตู	grà-dìng bprà-dtoo
botão (m)	ปุ่มออดหนาประตู	bpùm òrt nâa bprà-dtoo
batida (f)	เสียงเคาะ	sĭang khór
bater (vi)	เคาะ	khór
código (m)	รหัส	rá-hàt
fechadura (f) de código	กุญแจรหัส	gun-jae rá-hàt

interfone (m)	อินเตอร์คอม	in-dtêr-khom
número (m)	เลข	lâyk
placa (f) de porta	ป้ายหน้าประตู	bpâai nâa bprà-dtoo
olho (m) mágico	ช่องตาแมว	chôrng dtaa maew

85. Casa de campo

aldeia (f)	หมู่บ้าน	mòo bâan
horta (f)	สวนผัก	sŭan phàk
cerca (f)	รั้ว	rúa
cerca (f) de piquete	รั้วปักดิน	rúa bpàk din
portão (f) do jardim	ประตูรั้วเล็กๆ	bprà-dtoo rúa lék lék
celeiro (m)	ยุ้งฉาง	yúng chăang
adega (f)	ห้องใต้ดิน	hôrng dtâi din
galpão, barracão (m)	โรงนา	rohng naa
poço (m)	บ่อน้ำ	bòr náam
fogão (m)	เตา	dtao
atiçar o fogo	จุดไฟ	jùt fai
lenha (carvão ou ~)	ฟืน	feun
acha, lenha (f)	ท่อน	thôrn
varanda (f)	เฉลียงหน้าบ้าน	chà-lĭang nâa bâan
alpendre (m)	ระเบียง	rá-biang
degraus (m pl) de entrada	บันไดทางเข้าบ้าน	ban-dai thaang khâo bâan
balanço (m)	ชิงช้า	ching cháa

86. Castelo. Palácio

castelo (m)	ปราสาท	bpraa-sàat
palácio (m)	วัง	wang
fortaleza (f)	ป้อม	bpôrm
muralha (f)	กำแพง	gam-phaeng
torre (f)	หอ	hŏr
calabouço (m)	หอกลาง	hŏr klaang
grade (f) levadiça	ประตูชักรอก	bprà-dtoo chák rôrk
passagem (f) subterrânea	ทางใต้ดิน	taang dtâi din
fosso (m)	คูเมือง	khoo meuang
corrente, cadeia (f)	โซ่	sôh
seteira (f)	ช่องยิงธนู	chôrng ying thá-noo
magnífico (adj)	ภัทร	phát
majestoso (adj)	โอ่โถง	òh thŏhng
inexpugnável (adj)	ที่ไม่สามารถ	thêe mâi săa-mâat
	เจาะเขาไปถึง	jòr khăo bpai thĕung
medieval (adj)	ยุคกลาง	yúk glaang

87. Apartamento

apartamento (m)	อพาร์ตเมนต์	a-phâat-mayn
quarto, cômodo (m)	ห้อง	hôrng
quarto (m) de dormir	ห้องนอน	hôrng norn
sala (f) de jantar	ห้องรับประทาน	hôrng ráp bprà-thaan
	อาหาร	aa-hǎan
sala (f) de estar	ห้องนั่งเล่น	hôrng nâng lên
escritório (m)	ห้องทำงาน	hôrng tham ngaan
sala (f) de entrada	ห้องเข้า	hôrng khâo
banheiro (m)	ห้องน้ำ	hôrng náam
lavabo (m)	ห้องส้วม	hôrng sûam
teto (m)	เพดาน	phay-daan
chão, piso (m)	พื้น	phéun
canto (m)	มุม	mum

88. Apartamento. Limpeza

arrumar, limpar (vt)	ทำความสะอาด	tham khwaam sà-àat
guardar (no armário, etc.)	เก็บ	gèp
pó (m)	ฝุ่น	fùn
empoeirado (adj)	มีฝุ่นเยอะ	mee fùn yúh
tirar o pó	ปัดกวาด	bpàt gwàat
aspirador (m)	เครื่องดูดฝุ่น	khrêuang dòot fùn
aspirar (vt)	ดูดฝุ่น	dòot fùn
varrer (vt)	กวาด	gwàat
sujeira (f)	ฝุ่นกวาด	fùn gwàat
arrumação, ordem (f)	ความสะอาด	khwaam sà-àat
desordem (f)	ความไม่เป็นระเบียบ	khwaam mâi bpen rá-bìap
esfregão (m)	ไม้ถูพื้น	mái thǒo phéun
pano (m), trapo (m)	ผ้าเช็ดพื้น	phâa chét phéun
vassoura (f)	ไม้กวาดส้น	máai gwàat sân
pá (f) de lixo	ที่ตักผง	têe dtàk phǒng

89. Mobiliário. Interior

mobiliário (m)	เครื่องเรือน	khrêuang reuan
mesa (f)	โต๊ะ	dtó
cadeira (f)	เก้าอี้	gâo-êe
cama (f)	เตียง	dtiang
sofá, divã (m)	โซฟา	soh-faa
poltrona (f)	เก้าอี้เท้าแขน	gâo-êe tháo khǎen
estante (f)	ตู้หนังสือ	dtôo nǎng-sěu
prateleira (f)	ชั้นวาง	chán waang
guarda-roupas (m)	ตู้เสื้อผ้า	dtôo sêua phâa

cabide (m) de parede	ที่แขวนเสื้อ	thêe khwǎen sêua
cabideiro (m) de pé	ไม้แขวนเสื้อ	mái khwǎen sêua
cômoda (f)	ตู้ลิ้นชัก	dtôo lín chák
mesinha (f) de centro	โต๊ะกาแฟ	dtó gaa-fae
espelho (m)	กระจก	grà-jòk
tapete (m)	พรม	phrom
tapete (m) pequeno	พรมเช็ดเท้า	phrom chét tháo
lareira (f)	เตาผิง	dtao phǐng
vela (f)	เทียน	thian
castiçal (m)	เชิงเทียน	cherng thian
cortinas (f pl)	ผ้าแขวน	phâa khwǎen
papel (m) de parede	วอลเปเปอร์	worn-bpay-bper
persianas (f pl)	บานเกล็ดหน้าต่าง	baan glèt nâa dtàang
luminária (f) de mesa	โคมไฟตั้งโต๊ะ	khohm fai dtâng dtó
luminária (f) de parede	ไฟติดผนัง	fai dtìt phà-nǎng
abajur (m) de pé	โคมไฟตั้งพื้น	khohm fai dtâng phéun
lustre (m)	โคมระย้า	khohm rá-yáa
pé (de mesa, etc.)	ขา	khǎa
braço, descanso (m)	ที่พักแขน	thêe phák khǎen
costas (f pl)	พนักพิง	phá-nák phing
gaveta (f)	ลิ้นชัก	lín chák

90. Quarto de dormir

roupa (f) de cama	ชุดผ้าปูที่นอน	chút phâa bpoo thêe norn
travesseiro (m)	หมอน	mǒrn
fronha (f)	ปลอกหมอน	bplòk mǒrn
cobertor (m)	ผ้าห่ม	phâa phùay
lençol (m)	ผ้าปู	phâa bpoo
colcha (f)	ผ้าคลุมเตียง	phâa khlum dtiang

91. Cozinha

cozinha (f)	ห้องครัว	hôrng khrua
gás (m)	แก๊ส	gáet
fogão (m) a gás	เตาแก๊ส	dtao gàet
fogão (m) elétrico	เตาไฟฟ้า	dtao fai-fáa
forno (m)	เตาอบ	dtao òp
forno (m) de micro-ondas	เตาอบไมโครเวฟ	dtao òp mai-khroh-we p
geladeira (f)	ตู้เย็น	dtôo yen
congelador (m)	ตู้แช่แข็ง	dtôo châe khǎeng
máquina (f) de lavar louça	เครื่องล้างจาน	khrêuang láang jaan
moedor (m) de carne	เครื่องบดเนื้อ	khrêuang bòt néua
espremedor (m)	เครื่องคั้น	khrêuang khán
	น้ำผลไม้	náam phǒn-lá-mái

torradeira (f)	เครื่องปิ้ง ขนมปัง	khrêuang bpîng khà-nǒm bpang
batedeira (f)	เครื่องปั่น	khrêuang bpàn
máquina (f) de café	เครื่องชงกาแฟ	khrêuang chong gaa-fae
cafeteira (f)	หม้อกาแฟ	môr gaa-fae
moedor (m) de café	เครื่องบดกาแฟ	khrêuang bòt gaa-fae
chaleira (f)	กาน้ำ	gaa náam
bule (m)	กาน้ำชา	gaa náam chaa
tampa (f)	ฝา	fǎa
coador (m) de chá	ที่กรองชา	thêe grorng chaa
colher (f)	ช้อน	chórn
colher (f) de chá	ช้อนชา	chórn chaa
colher (f) de sopa	ช้อนซุป	chórn súp
garfo (m)	ส้อม	sôrm
faca (f)	มีด	mêet
louça (f)	ถ้วยชาม	thûay chaam
prato (m)	จาน	jaan
pires (m)	จานรอง	jaan rorng
cálice (m)	แก้วช็อต	gâew chórt
copo (m)	แก้ว	gâew
xícara (f)	ถ้วย	thûay
açucareiro (m)	โถน้ำตาล	thǒh náam dtaan
saleiro (m)	กระปุกเกลือ	grà-bpùk gleua
pimenteiro (m)	กระปุกพริกไท	grà-bpùk phrík thai
manteigueira (f)	ที่ใส่เนย	thêe sài noie
panela (f)	หม้อต้ม	môr dtôm
frigideira (f)	กระทะ	grà-thá
concha (f)	กระบวย	grà-buay
coador (m)	กระชอน	grà chorn
bandeja (f)	ถาด	thàat
garrafa (f)	ขวด	khùat
pote (m) de vidro	ขวดโหล	khùat lǒh
lata (~ de cerveja)	กระป๋อง	grà-bpǒrng
abridor (m) de garrafa	ที่เปิดขวด	thêe bpèrt khùat
abridor (m) de latas	ที่เปิดกระป๋อง	thêe bpèrt grà-bpǒrng
saca-rolhas (m)	ที่เปิดจุก	thêe bpèrt jùk
filtro (m)	ที่กรอง	thêe grorng
filtrar (vt)	กรอง	grorng
lixo (m)	ขยะ	khà-yà
lixeira (f)	ถังขยะ	thǎng khà-yà

92. Casa de banho

banheiro (m)	ห้องน้ำ	hôrng náam
água (f)	น้ำ	nám

torneira (f)	ก๊อกน้ำ	gòk náam
água (f) quente	น้ำร้อน	nám rórn
água (f) fria	น้ำเย็น	nám yen
pasta (f) de dente	ยาสีฟัน	yaa sěe fan
escovar os dentes	แปรงฟัน	bpraeng fan
escova (f) de dente	แปรงสีฟัน	bpraeng sěe fan
barbear-se (vr)	โกน	gohn
espuma (f) de barbear	โฟมโกนหนวด	fohm gohn nùat
gilete (f)	มีดโกน	mêet gohn
lavar (vt)	ล้าง	láang
tomar banho	อาบ	àap
chuveiro (m), ducha (f)	ฝักบัว	fàk bua
tomar uma ducha	อาบน้ำฝักบัว	àap náam fàk bua
banheira (f)	อ่างอาบน้ำ	àang àap náam
vaso (m) sanitário	โถชักโครก	thǒh chák khrôhk
pia (f)	อางลางหนา	àang láang-nâa
sabonete (m)	สบู่	sà-bòo
saboneteira (f)	ที่ใส่สบู่	thêe sài sà-bòo
esponja (f)	ฟองน้ำ	forng náam
xampu (m)	แชมพู	chaem-phoo
toalha (f)	ผ้าเช็ดตัว	phâa chét dtua
roupão (m) de banho	เสื้อคลุมอาบน้ำ	sêua khlum àap náam
lavagem (f)	การซักผ้า	gaan sák phâa
lavadora (f) de roupas	เครื่องซักผ้า	khrêuang sák phâa
lavar a roupa	ซักผ้า	sák phâa
detergente (m)	ผงซักฟอก	phǒng sák-fôrk

93. Eletrodomésticos

televisor (m)	ทีวี	thee-wee
gravador (m)	เครื่องบันทึกเทป	khrêuang ban-théuk thâyp
videogravador (m)	เครื่องบันทึกวิดีโอ	khrêuang ban-théuk wí-dee-oh
rádio (m)	วิทยุ	wít-thá-yú
leitor (m)	เครื่องเล่น	khrêuang lên
projetor (m)	โปรเจ็คเตอร์	bproh-jèk-dtêr
cinema (m) em casa	เครื่องฉายภาพยนตร์ที่บ้าน	khhrêuang chǎai phâap-phá-yon thêe bâan
DVD Player (m)	เครื่องเล่น DVD	khrêuang lên dee-wee-dee
amplificador (m)	เครื่องขยายเสียง	khrêuang khà-yǎi sǐang
console (f) de jogos	เครื่องเกมคอนโซล	khrêuang gaym khorn sohn
câmera (f) de vídeo	กล้องถ่ายวิดีโอ	glôrng thàai wí-dee-oh
máquina (f) fotográfica	กล้องถายรูป	glôrng thàai rôop
câmera (f) digital	กล้องดิจิตอล	glôrng dì-jì-dton
aspirador (m)	เครื่องดูดฝุ่น	khrêuang dòot fùn

ferro (m) de passar	เตารีด	dtao rêet
tábua (f) de passar	กระดานรองรีด	grà-daan rorng rêet
telefone (m)	โทรศัพท์	thoh-rá-sàp
celular (m)	มือถือ	meu thěu
máquina (f) de escrever	เครื่องพิมพ์ดีด	khrêuang phim dèet
máquina (f) de costura	จักรเย็บผ้า	jàk yép phâa
microfone (m)	ไมโครโฟน	mai-khroh-fohn
fone (m) de ouvido	หูฟัง	hǒo fang
controle remoto (m)	รีโมตทีวี	ree môht thee wee
CD (m)	CD	see-dee
fita (f) cassete	เทป	thâyp
disco (m) de vinil	จานเสียง	jaan sǐang

94. Reparações. Renovação

renovação (f)	การซ่อมแซม	gaan sôrm saem
renovar (vt), fazer obras	ซ่อมแซม	sôrm saem
reparar (vt)	ซ่อมแซม	sôrm saem
consertar (vt)	สะสาง	sà-sǎang
refazer (vt)	ทำใหม่	tham mài
tinta (f)	สี	sěe
pintar (vt)	ทาสี	thaa sěe
pintor (m)	ช่างทาสีบ้าน	châang thaa sěe bâan
pincel (m)	แปรงทาสี	bpraeng thaa sěe
cal (f)	สารฟอกขาว	sǎan fôrk khǎao
caiar (vt)	ฟอกขาว	fôrk khǎao
papel (m) de parede	วอลเปเปอร์	worn-bpay-bper
colocar papel de parede	ติดวอลเปเปอร์	dtìt wor lá-bpay-bper
verniz (m)	น้ำมันชักเงา	náam man chák ngao
envernizar (vt)	เคลือบ	khlêuap

95. Canalizações

água (f)	น้ำ	nám
água (f) quente	น้ำร้อน	nám rórn
água (f) fria	น้ำเย็น	nám yen
torneira (f)	ก็อกน้ำ	gòk náam
gota (f)	หยด	yòt
gotejar (vi)	ตก	dtòk
vazar (vt)	รั่ว	rûa
vazamento (m)	การรั่ว	gaan rûa
poça (f)	หลุมน้ำ	lòm nám
tubo (m)	ท่อ	thôr
válvula (f)	วาล์ว	waao

entupir-se (vr)	อุดตัน	ùt dtan
ferramentas (f pl)	เครื่องมือ	khrêuang meu
chave (f) inglesa	ประแจคอม้า	bprà-jae kor máa
desenroscar (vt)	คลายูเกลียวออก	khlaai glieow òrk
enroscar (vt)	ขันใหแนน	khǎn hâi nâen
desentupir (vt)	แก้การอุดตัน	gâe gaan ùt dtan
encanador (m)	ช่างประปา	châang bprà-bpaa
porão (m)	ชั้นใต้ดิน	chán dtâi din
rede (f) de esgotos	ระบบทอน้ำทิ้ง	rá-bòp thôr náam thíng

96. Fogo. Deflagração

incêndio (m)	ไฟไหม้	fai mâi
chama (f)	เปลวไฟ	bpleo fai
faísca (f)	ประกายไฟ	bprà-gaai fai
fumaça (f)	ควัน	khwan
tocha (f)	คบเพลิง	khóp phlerng
fogueira (f)	กองไฟ	gorng fai
gasolina (f)	น้ำมันเชื้อเพลิง	nám man chéua phlerng
querosene (m)	น้ำมันกูด	nám man gáat
inflamável (adj)	ติดไฟได้	dtìt fai dâai
explosivo (adj)	ที่ระเบิดได้	thêe rá-bèrt dâai
PROIBIDO FUMAR!	ห้ามสูบบุหรี่	hâam sòop bù rèe
segurança (f)	ความปลอดภัย	khwaam bplòrt phai
perigo (m)	อันตราย	an-dtà-raai
perigoso (adj)	อันตราย	an-dtà-raai
incendiar-se (vr)	ติดไฟ	dtìt fai
explosão (f)	การระเบิด	gaan rá-bèrt
incendiar (vt)	เผา	phǎo
incendiário (m)	ผู้ลอบวางเพลิง	phôo lôp waang phlerng
incêndio (m) criminoso	การลอบวางเพลิง	gaan lôp waang phlerng
flamejar (vi)	ไฟลุกโชน	fai lúk-chohn
queimar (vi)	ไหม้	mâi
queimar tudo (vi)	เผาให้ราบ	phǎo hâi râap
chamar os bombeiros	เรียกนักดับเพลิง	rîak nák dàp phlerng
bombeiro (m)	นักดับเพลิง	nák dàp phlerng
caminhão (m) de bombeiros	รถดับเพลิง	rót dàp phlerng
corpo (m) de bombeiros	สถานีดับเพลิง	sà-thǎa-nee dàp phlerng
escada (f) extensível	บันไดรถดับเพลิง	ban-dai rót dàp phlerng
mangueira (f)	ท่อดับเพลิง	thôr dàp phlerng
extintor (m)	ที่ดับเพลิง	thêe dàp phlerng
capacete (m)	หมวกนิรภัย	mùak ní-rá-phai
sirene (f)	สัญญาณเตือนภัย	sǎn-yaan dteuan phai
gritar (vi)	ร้อง	rórng
chamar por socorro	ขอช่วย	khǒr chûay
socorrista (m)	นักกู้ภัย	nák gôo phai

salvar, resgatar (vt)	ช่วยชีวิต	chûay chee-wít
chegar (vi)	มา	maa
apagar (vt)	ดับเพลิง	dàp phlerng
água (f)	น้ำ	nám
areia (f)	ทราย	saai
ruínas (f pl)	ซาก	sâak
ruir (vi)	ถล่ม	thà-lòm
desmoronar (vi)	ถล่มทลาย	thà-lòm thá-laai
desabar (vi)	ถล่ม	thà-lòm
fragmento (m)	ส่วนสะเก็ด	sùan sà-gèt
cinza (f)	ขี้เถ้า	khêe thâo
sufocar (vi)	ขาดอากาศตาย	khàat aa-gàat dtaai
perecer (vi)	เสียชีวิต	sĭa chee-wít

ATIVIDADES HUMANAS

Emprego. Negócios. Parte 1

97. Banca

banco (m)	ธนาคาร	thá-naa-khaan
balcão (f)	สาขา	săa-khăa
consultor (m) bancário	พนักงาน	phá-nák ngaan
	ธนาคาร	thá-naa-khaan
gerente (m)	ผู้จัดการ	phôo jàt gaan
conta (f)	บัญชีธนาคาร	ban-chee thá-naa-kaan
número (m) da conta	หมายเลขบัญชี	măai lâyk ban-chee
conta (f) corrente	กระแสรายวัน	grà-săe raai wan
conta (f) poupança	บัญชีออมทรัพย์	ban-chee orm sáp
abrir uma conta	เปิดบัญชี	bpèrt ban-chee
fechar uma conta	ปิดบัญชี	bpìt ban-chee
depositar na conta	ฝากเงินเข้าบัญชี	fàak ngern khâo ban-chee
sacar (vt)	ถอน	thŏrn
depósito (m)	การฝาก	gaan fàak
fazer um depósito	ฝาก	fàak
transferência (f) bancária	การโอนเงิน	gaan ohn ngern
transferir (vt)	โอนเงิน	ohn ngern
soma (f)	จำนวนเงินรวม	jam-nuan ngern ruam
Quanto?	เท่าไหร่?	thâo rài
assinatura (f)	ลายมือชื่อ	laai meu chêu
assinar (vt)	ลงนาม	long naam
cartão (m) de crédito	บัตรเครดิต	bàt khray-dìt
senha (f)	รหัส	rá-hàt
número (m) do cartão de crédito	หมายเลขบัตรเครดิต	măai lâyk bàt khray-dìt
caixa (m) eletrônico	เอทีเอ็ม	ay-thee-em
cheque (m)	เช็ค	chék
passar um cheque	เขียนเช็ค	khĭan chék
talão (m) de cheques	สมุดเช็ค	sà-mùt chék
empréstimo (m)	เงินกู้	ngern gôo
pedir um empréstimo	ขอสินเชื่อ	khŏr sĭn chêua
obter empréstimo	กู้เงิน	gôo ngern
dar um empréstimo	ให้กู้เงิน	hâi gôo ngern
garantia (f)	การรับประกัน	gaan ráp bprà-gan

98. Telefone. Conversação telefônica

telefone (m)	โทรศัพท์	thoh-rá-sàp
celular (m)	มือถือ	meu thěu
secretária (f) eletrônica	เครื่องพูดตอบ	khrêuang phôot dtòp
fazer uma chamada	โทรศัพท์	thoh-rá-sàp
chamada (f)	การโทรศัพท์	gaan thoh-rá-sàp
discar um número	หมุนหมายเลขโทรศัพท์	mǔn mǎai lâyk thoh-rá-sàp
Alô!	สวัสดี!	sà-wàt-dee
perguntar (vt)	ถาม	thǎam
responder (vt)	รับสาย	ráp sǎai
ouvir (vt)	ได้ยิน	dâai yin
bem	ดี	dee
mal	ไม่ดี	mâi dee
ruído (m)	เสียงรบกวน	sǐang róp guan
fone (m)	ตัวรับสัญญาณ	dtua ráp sǎn-yaan
pegar o telefone	รับสาย	ráp sǎai
desligar (vi)	วางสาย	waang sǎai
ocupado (adj)	ไม่ว่าง	mâi wâang
tocar (vi)	ดัง	dang
lista (f) telefônica	สมุดโทรศัพท์	sà-mùt thoh-rá-sàp
local (adj)	ในประเทศ	nai bprà-thâyt
chamada (f) local	โทรในประเทศ	thoh nai bprà-thâyt
de longa distância	ระยะไกล	rá-yá glai
chamada (f) de longa distância	โทรระยะไกล	thoh-rá-yá glai
internacional (adj)	ต่างประเทศ	dtàang bprà-thâyt
chamada (f) internacional	โทรตางประเทศ	thoh dtàang bprà-thâyt

99. Telefone móvel

celular (m)	มือถือ	meu thěu
tela (f)	หน้าจอ	nâa jor
botão (m)	ปุ่ม	bpùm
cartão SIM (m)	ซิมการ์ด	sím gàat
bateria (f)	แบตเตอรี่	bàet-dter-rêe
descarregar-se (vr)	หมด	mòt
carregador (m)	ที่ชาร์จ	thêe châat
menu (m)	เมนู	may-noo
configurações (f pl)	การตั้งค่า	gaan dtâng khâa
melodia (f)	เสียงเพลง	sǐang phlayng
escolher (vt)	เลือก	lêuak
calculadora (f)	เครื่องคิดเลข	khrêuang khít lâyk
correio (m) de voz	ขอความเสียง	khǒr khwaam sǐang

despertador (m)   นาฬิกาปลุก   naa-lí-gaa bplùk
contatos (m pl)   รายชื่อผู้ติดต่อ   raai chêu phôo dtìt dtòr

mensagem (f) de texto   SMS   es-e-mes
assinante (m)   ผู้สมัครรับบริการ   phôo sà-màk ráp bor-rí-gaan

100. Estacionário

caneta (f)   ปากกาลูกลื่น   bpàak gaa lôok lêun
caneta (f) tinteiro   ปากกาหมึกซึม   bpàak gaa mèuk seum

lápis (m)   ดินสอ   din-sŏr
marcador (m) de texto   ปากกาเน้น   bpàak gaa náyn
caneta (f) hidrográfica   ปากกาเมจิด   bpàak gaa may jìk

bloco (m) de notas   สมุดจด   sà-mùt jòt
agenda (f)   สมุดบันทึกรายวัน   sà-mùt ban-théuk raai wan

régua (f)   ไม้บรรทัด   máai ban-thát
calculadora (f)   เครื่องคิดเลข   khrêuang khít lâyk
borracha (f)   ยางลบ   yaang lóp
alfinete (m)   เป๊ก   bpáyk
clipe (m)   ลวดหนีบกระดาษ   lûat nèep grà-dàat

cola (f)   กาว   gaao
grampeador (m)   ที่เย็บกระดาษ   thêe yép grà-dàat
furador (m) de papel   ที่เจาะรูกระดาษ   thêe jòr roo grà-dàat
apontador (m)   ที่เหลาดินสอ   thêe lăo din-sŏr

Emprego. Negócios. Parte 2

101. Media

jornal (m)	หนังสือพิมพ์	năng-sěu phim
revista (f)	นิตยสาร	nít-dtà-yá-săan
imprensa (f)	สื่อสิ่งพิมพ์	sèu sìng phim
rádio (m)	วิทยุ	wít-thá-yú
estação (f) de rádio	สถานีวิทยุ	sà-thăa-nee wít-thá-yú
televisão (f)	โทรทัศน์	thoh-rá-thát
apresentador (m)	ผู้ประกาศข่าว	phôo bprà-gàat khàao
locutor (m)	ผู้ประกาศข่าว	phôo bprà-gàat khàao
comentarista (m)	ผู้อธิบาย	phôo à-thí-baai
jornalista (m)	นักข่าว	nák khàao
correspondente (m)	ผู้รายงานข่าว	phôo raai ngaan khàao
repórter (m) fotográfico	ช่างภาพ หนังสือพิมพ์	châang phâap năng-sěu phim
repórter (m)	ผู้รายงาน	phôo raai ngaan
redator (m)	บรรณาธิการ	ban-naa-thí-gaan
redator-chefe (m)	หัวหน้าบรรณาธิการ	hŭa nâa ban-naa-thí-gaan
assinar a ...	รับ	ráp
assinatura (f)	การรับ	gaan ráp
assinante (m)	ผู้รับ	phôo ráp
ler (vt)	อ่าน	àan
leitor (m)	ผู้อ่าน	phôo àan
tiragem (f)	การเผยแพร่	gaan phŏie-phrâe
mensal (adj)	รายเดือน	raai deuan
semanal (adj)	รายสัปดาห์	raai sàp-daa
número (jornal, revista)	ฉบับ	chà-bàp
recente, novo (adj)	ใหม่	mài
manchete (f)	ข่าวพาดหัว	khàao phâat hŭa
pequeno artigo (m)	บทความสั้นๆ	bòt khwaam sân sân
coluna (~ semanal)	คอลัมน์	khor lam
artigo (m)	บทความ	bòt khwaam
página (f)	หน้า	nâa
reportagem (f)	การรายงานข่าว	gaan raai ngaan khàao
evento (festa, etc.)	เหตุการณ์	hàyt gaan
sensação (f)	ข่าวดัง	khàao dang
escândalo (m)	เรื่องอื้อฉาว	rêuang êu chăao
escandaloso (adj)	อื้อฉาว	êu chăao
grande (adj)	ใหญ่	yài
programa (m)	รายการ	raai gaan
entrevista (f)	การสัมภาษณ์	gaan săm-phâat

| transmissão (f) ao vivo | ถ่ายทอดสด | thàai thôrt sòt |
| canal (m) | ช่อง | chôrng |

102. Agricultura

agricultura (f)	เกษตรกรรม	gà-sàyt-dtra -gam
camponês (m)	ชาวนาผู้ชาย	chaao naa phôo chaai
camponesa (f)	ชาวนาผู้หญิง	chaao naa phôo yǐng
agricultor, fazendeiro (m)	ชาวนา	chaao naa

| trator (m) | รถแทร็คเตอร์ | rót tráek-dtêr |
| colheitadeira (f) | เครื่องเก็บเกี่ยว | khrêuang gèp gìeow |

arado (m)	คันไถ	khan thǎi
arar (vt)	ไถ	thǎi
campo (m) lavrado	ที่ดินที่ไถพรวน	thêe din thêe thǎi phruan
sulco (m)	ร่องดิน	rôrng din

semear (vt)	หว่าน	wàan
plantadeira (f)	เครื่องหว่านเมล็ด	khrêuang wàan má-lét
semeadura (f)	การหว่าน	gaan wàan

| foice (m) | เคียว | khieow |
| cortar com foice | ถาง | thǎang |

| pá (f) | พลั่ว | phlûa |
| cavar (vt) | ขุด | khùt |

enxada (f)	จอบ	jòrp
capinar (vt)	ถาก	thàak
erva (f) daninha	วัชพืช	wát-chá-phêut

regador (m)	กระป๋องรดน้ำ	grà-bpǒrng rót náam
regar (plantas)	รดน้ำ	rót náam
rega (f)	การรดน้ำ	gaan rót nám

| forquilha (f) | ส้อมเสียบ | sôrm sìap |
| ancinho (m) | คราด | khrâat |

fertilizante (m)	ปุ๋ย	bpǔi
fertilizar (vt)	ใส่ปุ๋ย	sài bpǔi
estrume, esterco (m)	ปุ๋ยคอก	bpǔi khôrk

campo (m)	ทุ่งนา	thûng naa
prado (m)	ทุ่งหญ้า	thûng yâa
horta (f)	สวนผัก	sǔan phàk
pomar (m)	สวนผลไม้	sǔan phǒn-lá-máai

pastar (vt)	เล็มหญ้า	lem yâa
pastor (m)	คนเลี้ยงสัตว์	khon líang sàt
pastagem (f)	ทุ่งเลี้ยงสัตว	thûng líang sàt

| pecuária (f) | การขยายพันธุ์สัตว์ | gaan khà-yǎai phan sàt |
| criação (f) de ovelhas | การขยายพันธุ์แกะ | gaan khà-yǎai phan gàe |

plantação (f)	ที่เพาะปลูก	thêe phór bplòok
canteiro (m)	แถว	thăe
estufa (f)	เรือนกระจกร้อน	reuan grà-jòk rón
seca (f)	ภัยแล้ง	phai láeng
seco (verão ~)	แล้ง	láeng
grão (m)	ธัญพืช	than-yá-phêut
cereais (m pl)	ผลผลิตธัญพืช	phŏn phà-lìt than-yá-phêut
colher (vt)	เก็บเกี่ยว	gèp gìeow
moleiro (m)	เจ้าของโรงโม่	jâo khŏrng rohng môh
moinho (m)	โรงสี	rohng sĕe
moer (vt)	โม่	môh
farinha (f)	แป้ง	bpâeng
palha (f)	ฟาง	faang

103. Construção. Processo de construção

canteiro (m) de obras	สถานที่ก่อสร้าง	sà-thăan thêe gòr sâang
construir (vt)	สร้าง	sâang
construtor (m)	คนงานก่อสร้าง	khon ngaan gòr sâang
projeto (m)	โครงการ	khrohng gaan
arquiteto (m)	สถาปนิก	sà-thăa-bpà-ník
operário (m)	คนงาน	khon ngaan
fundação (f)	รากฐาน	râak thăan
telhado (m)	หลังคา	lăng khaa
estaca (f)	เสาเข็ม	săo khĕm
parede (f)	กำแพง	gam-phaeng
colunas (f pl) de sustentação	เหล็กเส้นเสริมแรง	lèk sên sĕrm raeng
andaime (m)	นั่งร้าน	nâng ráan
concreto (m)	คอนกรีต	khorn-grèet
granito (m)	หินแกรนิต	hĭn grae-nít
pedra (f)	หิน	hĭn
tijolo (m)	อิฐ	ìt
areia (f)	ทราย	saai
cimento (m)	ปูนซีเมนต์	bpoon see-mayn
emboço, reboco (m)	พลาสเตอร์	phláat-dtêr
emboçar, rebocar (vt)	ฉาบ	chàap
tinta (f)	สี	sĕe
pintar (vt)	ทาสี	thaa sĕe
barril (m)	ถัง	thăng
grua (f), guindaste (m)	ปั้นจั่น	bpân jàn
erguer (vt)	ยก	yók
baixar (vt)	ลด	lót
buldózer (m)	รถดันดิน	rót dan din
escavadora (f)	รถขุด	rót khùt

caçamba (f)	ช้อนขุด	chórn khùt
escavar (vt)	ขุด	khùt
capacete (m) de proteção	หมวกนิรภัย	mùak ní-rá-phai

Profissões e ocupações

104. Procura de emprego. Demissão

trabalho (m)	งาน	ngaan
equipe (f)	พนักงาน	phá-nák ngaan
pessoal (m)	พนักงาน	phá-nák ngaan
carreira (f)	อาชีพ	aa-chêep
perspectivas (f pl)	โอกาส	oh-gàat
habilidades (f pl)	ทักษะ	thák-sà
seleção (f)	การคัดเลือก	gaan khát lêuak
agência (f) de emprego	สำนักงาน จัดหางาน	săm-nák ngaan jàt hăa ngaan
currículo (m)	ประวัติย่อ	bprà-wàt yôr
entrevista (f) de emprego	สัมภาษณ์งาน	săm-phâat ngaan
vaga (f)	ตำแหน่งว่าง	dtam-nàeng wâang
salário (m)	เงินเดือน	ngern deuan
salário (m) fixo	เงินเดือน	ngern deuan
pagamento (m)	ค่าแรง	khâa raeng
cargo (m)	ตำแหน่ง	dtam-nàeng
dever (do empregado)	หน้าที่	nâa thêe
gama (f) de deveres	หน้าที่	nâa thêe
ocupado (adj)	ไม่ว่าง	mâi wâang
despedir, demitir (vt)	ไล่ออก	lâi òrk
demissão (f)	การไล่ออก	gaan lâi òrk
desemprego (m)	การว่างงาน	gaan wâang ngaan
desempregado (m)	คนว่างงาน	khon wâang ngaan
aposentadoria (f)	การเกษียณอายุ	gaan gà-sĭan aa-yú
aposentar-se (vr)	เกษียณ	gà-sĭan

105. Gente de negócios

diretor (m)	ผู้อำนวยการ	phôo am-nuay gaan
gerente (m)	ผู้จัดการ	phôo jàt gaan
patrão, chefe (m)	หัวหน้า	hŭa-nâa
superior (m)	ผู้บังคับบัญชา	phôo bang-kháp ban-chaa
superiores (m pl)	คณะผู้บังคับ บัญชา	khá-ná phôo bang-kháp ban-chaa
presidente (m)	ประธานาธิปดี	bprà-thaa-naa-thí-bor-dee
chairman (m)	ประธาน	bprà-thaan
substituto (m)	รอง	rorng

97

assistente (m)	ผู้ช่วย	phôo chûay
secretário (m)	เลขา	lay-khǎa
secretário (m) pessoal	ผู้ช่วยส่วนบุคคล	phôo chûay sùan bùk-khon
homem (m) de negócios	นักธุรกิจ	nák thú-rá-gìt
empreendedor (m)	ผู้ประกอบการ	phôo bprà-gòp gaan
fundador (m)	ผู้ก่อตั้ง	phôo gòr dtâng
fundar (vt)	ก่อตั้ง	gòr dtâng
principiador (m)	ผู้ก่อตั้ง	phôo gòr dtâng
parceiro, sócio (m)	หุ้นส่วน	hûn sùan
acionista (m)	ผู้ถือหุ้น	phôo thěu hûn
milionário (m)	เศรษฐีเงินล้าน	sàyt-thěe ngern láan
bilionário (m)	มหาเศรษฐี	má-hǎa sàyt-thěe
proprietário (m)	เจ้าของ	jâo khǒrng
proprietário (m) de terras	เจ้าของที่ดิน	jâo khǒrng thêe din
cliente (m)	ลูกค้า	lôok kháa
cliente (m) habitual	ลูกค้าประจำ	lôok kháa bprà-jam
comprador (m)	ลูกค้า	lôok kháa
visitante (m)	ผู้เข้าร่วม	phôo khâo rûam
profissional (m)	ผู้เป็นมืออาชีพ	phôo bpen meu aa-chêep
perito (m)	ผู้เชี่ยวชาญ	phôo chîeow-chaan
especialista (m)	ผู้ชำนาญ	phôo cham-naan
	เฉพาะทาง	chà-phó thaang
banqueiro (m)	พนักงาน	phá-nák ngaan
	ธนาคาร	thá-naa-khaan
corretor (m)	นายหน้า	naai nâa
caixa (m, f)	แคชเชียร์	khâet chia
contador (m)	นักบัญชี	nák ban-chee
guarda (m)	ยาม	yaam
investidor (m)	ผู้ลงทุน	phôo long thun
devedor (m)	ลูกหนี้	lôok nêe
credor (m)	เจ้าหนี้	jâo nêe
mutuário (m)	ผู้ยืม	phôo yeum
importador (m)	ผู้นำเข้า	phôo nam khâo
exportador (m)	ผู้ส่งออก	phôo sòng òrk
produtor (m)	ผู้ผลิต	phôo phà-lìt
distribuidor (m)	ผู้จัดจำหน่าย	phôo jàt jam-nàai
intermediário (m)	คนกลาง	khon glaang
consultor (m)	ที่ปรึกษา	thêe bprèuk-sǎa
representante comercial	พนักงานขาย	phá-nák ngaan khǎai
agente (m)	ตัวแทน	dtua thaen
agente (m) de seguros	ตัวแทนประกัน	dtua thaen bprà-gan

106. Profissões de serviços

cozinheiro (m)	ดูนครัว	khon khrua
chefe (m) de cozinha	กุก	gúk
padeiro (m)	ช่างอบขนมปัง	châang òp khà-nŏm bpang
barman (m)	บาร์เทนเดอร์	baa-thayn-dêr
garçom (m)	พนักงานเสิร์ฟชาย	phá-nák ngaan sèrf chaai
garçonete (f)	พนักงานเสิร์ฟหญิง	phá-nák ngaan sèrf yĭng
advogado (m)	ทนายความ	thá-naai khwaam
jurista (m)	นักกฎหมาย	nák gòt măai
notário (m)	พนักงานจดทะเบียน	phá-nák ngaan jòt thá-bian
eletricista (m)	ช่างไฟฟ้า	châang fai-fáa
encanador (m)	ช่างประปา	châang bprà-bpaa
carpinteiro (m)	ช่างไม้	châang máai
massagista (m)	หมอนวดชาย	mŏr nûat chaai
massagista (f)	หมอนวดหญิง	mŏr nûat yĭng
médico (m)	แพทย์	phâet
taxista (m)	คนขับแท็กซี่	khon khàp tháek-sêe
condutor (automobilista)	คนขับ	khon khàp
entregador (m)	คนส่งของ	khon sòng khŏrng
camareira (f)	แม่บ้าน	mâe bâan
guarda (m)	ยาม	yaam
aeromoça (f)	พนักงานต้อนรับ บนเครื่องบิน	phá-nák ngaan dtôrn ráp bon khrêuang bin
professor (m)	อาจารย์	aa-jaan
bibliotecário (m)	บรรณารักษ์	ban-naa-rák
tradutor (m)	นักแปล	nák bplae
intérprete (m)	ล่าม	lâam
guia (m)	มัคคุเทศก์	mák-khú-thâyt
cabeleireiro (m)	ช่างทำผม	châang tham phŏm
carteiro (m)	บุรุษไปรษณีย์	bù-rùt bprai-sà-nee
vendedor (m)	คนขายของ	khon khăai khŏrng
jardineiro (m)	ชาวสวน	chaao sŭan
criado (m)	คนใช้	khon chái
criada (f)	สาวใช้	săao chái
empregada (f) de limpeza	คนทำความสะอาด	khon tham khwaam sà-àat

107. Profissões militares e postos

soldado (m) raso	พลทหาร	phon-thá-hăan
sargento (m)	สิบเอก	sìp àyk
tenente (m)	ร้อยโท	rói thoh
capitão (m)	ร้อยเอก	rói àyk
major (m)	พลตรี	phon-dtree

coronel (m)	พันเอก	phan àyk
general (m)	นายพล	naai phon
marechal (m)	จอมพล	jorm phon
almirante (m)	พลเรือเอก	phon reua àyk

militar (m)	ทางทหาร	thaang thá-hăan
soldado (m)	ทหาร	thá-hăan
oficial (m)	นายทหาร	naai thá-hăan
comandante (m)	ผู้บัญชาการ	phôo ban-chaa gaan

guarda (m) de fronteira	ยามเฝ้าชายแดน	yaam fâo chaai daen
operador (m) de rádio	พลวิทยุ	phon wít-thá-yú
explorador (m)	ทหารพราน	thá-hăan phraan
sapador-mineiro (m)	ทหารช่าง	thá-hăan châang
atirador (m)	พูลแมนปืน	phon mâen bpeun
navegador (m)	ตนหน	dtôn hŏn

108. Oficiais. Padres

| rei (m) | กษัตริย์ | gà-sàt |
| rainha (f) | ราชินี | raa-chí-nee |

| príncipe (m) | เจ้าชาย | jâo chaai |
| princesa (f) | เจาหญิง | jâo yĭng |

| czar (m) | ซาร์ | saa |
| czarina (f) | ซารีนา | saa-ree-naa |

presidente (m)	ประธานาธิบดี	bprà-thaa-naa-thí-bor-dee
ministro (m)	รัฐมนตรี	rát-thà-mon-dtree
primeiro-ministro (m)	นายกรัฐมนตรี	naa-yók rát-thà-mon-dtree
senador (m)	สมาชิกวุฒิสภา	sà-maa-chík wút-thí sà-phaa

diplomata (m)	นักการทูต	nák gaan thôot
cônsul (m)	กงสุล	gong-sŭn
embaixador (m)	เอกอัครราชทูต	àyk-gà-àk-krá-râat-chá-tôot
conselheiro (m)	เจาหน้าที่การทูต	jâo nâa-thêe gaan thôot

funcionário (m)	ข้าราชการ	khâa râat-chá-gaan
prefeito (m)	เจาหน้าที่	jâo nâa-thêe
Presidente (m) da Câmara	นายกเทศมนตรี	naa-yók thâyt-sà-mon-dtree

| juiz (m) | ผู้พิพากษา | phôo phí-phâak-săa |
| procurador (m) | อัยการ | ai-yá-gaan |

| missionário (m) | ผู้สอนศาสนา | phôo sŏrn sàat-sà-năa |
| monge (m) | พระ | phrá |

| abade (m) | เจ้าอาวาส | jâo aa-wâat |
| rabino (m) | พระในศาสนายิว | phrá nai sàat-sà-năa yiw |

vizir (m)	วีซีร์	wee see
xá (m)	กษัตริย์อิหร่าน	gà-sàt i-ràan
xeique (m)	หัวหน้าเผาอาหรับ	hŭa nâa phào aa-ràp

109. Profissões agrícolas

abelheiro (m)	คนเลี้ยงผึ้ง	khon líang phêung
pastor (m)	คนเลี้ยงปศุสัตว์	khon líang bpà-sù-sàt
agrônomo (m)	นักปฐพีวิทยา	nák bpà-tà-phee wít-thá-yaa
criador (m) de gado	ผู้ขยายพันธุ์สัตว์	phôo khà-yǎai phan sàt
veterinário (m)	สัตวแพทย์	sàt phâet
agricultor, fazendeiro (m)	ชาวนา	chaao naa
vinicultor (m)	ผู้ผลิตไวน์	phôo phà-lìt wai
zoólogo (m)	นักสัตววิทยา	nák sàt wít-thá-yaa
vaqueiro (m)	โคบาล	khoh-baan

110. Profissões artísticas

ator (m)	นักแสดงชาย	nák sà-daeng chaai
atriz (f)	นักแสดงหญิง	nák sà-daeng yǐng
cantor (m)	นักร้องชาย	nák rórng chaai
cantora (f)	นักร้องหญิง	nák rórng yǐng
bailarino (m)	นักเต้นชาย	nák dtên chaai
bailarina (f)	นักเตนหญิง	nák dtên yǐng
artista (m)	นักแสดงชาย	nák sà-daeng chaai
artista (f)	นักแสดงหญิง	nák sà-daeng yǐng
músico (m)	นักดนตรี	nák don-dtree
pianista (m)	นักเปียโน	nák bpia noh
guitarrista (m)	ผู้เลนกีตาร์	phôo lên gee-dtâa
maestro (m)	ผู้ควบคุม วงดนตรี	phôo khûap khum wong don-dtree
compositor (m)	นักแต่งเพลง	nák dtàeng phlayng
empresário (m)	ผู้ควบคุม การแสดง	phôo khûap khum gaan sà-daeng
diretor (m) de cinema	ผู้กำกับ ภาพยนตร์	phôo gam-gàp phâap-phá-yon
produtor (m)	ผู้อำนวยการสร้าง	phôo am-nuay gaan sâang
roteirista (m)	คนเขียนบท ภาพยนตร์	khon khǐan bòt phâap-phá-yon
crítico (m)	นักวิจารณ์	nák wí-jaan
escritor (m)	นักเขียน	nák khǐan
poeta (m)	นักกวี	nák gà-wee
escultor (m)	ช่างสลัก	châang sà-làk
pintor (m)	ช่างวาดรูป	châang wâat rôop
malabarista (m)	นักมายากล โยนของ	nák maa-yaa gon yohn khǒrng
palhaço (m)	ตัวตลก	dtua dtà-lòk
acrobata (m)	นักกายกรรม	nák gaai-yá-gam
ilusionista (m)	นักเลนกล	nák lên gon

111. Várias profissões

médico (m)	แพทย์	phâet
enfermeira (f)	พยาบาล	phá-yaa-baan
psiquiatra (m)	จิตแพทย์	jìt-dtà-phâet
dentista (m)	ทันตแพทย์	than-dtà phâet
cirurgião (m)	ศัลยแพทย์	săn-yá-phâet
astronauta (m)	นักบินอวกาศ	nák bin a-wá-gàat
astrônomo (m)	นักดาราศาสตร์	nák daa-raa sàat
piloto (m)	นักบิน	nák bin
motorista (m)	คนขับ	khon khàp
maquinista (m)	คนขับรถไฟ	khon khàp rót fai
mecânico (m)	ช่างเครื่อง	châang khrêuang
mineiro (m)	คนงานเหมือง	khon ngaan měuang
operário (m)	คนงาน	khon ngaan
serralheiro (m)	ช่างโลหะ	châang loh-hà
marceneiro (m)	ช่างไม้	châang máai
torneiro (m)	ช่างกลึง	châang gleung
construtor (m)	คนงานก่อสร้าง	khon ngaan gòr sâang
soldador (m)	ช่างเชื่อม	châang chêuam
professor (m)	ศาสตราจารย์	sàat-sà-dtraa-jaan
arquiteto (m)	สถาปนิก	sà-thăa-bpà-ník
historiador (m)	นักประวัติศาสตร์	nák bprà-wàt sàat
cientista (m)	นักวิทยาศาสตร์	nák wít-thá-yaa sàat
físico (m)	นักฟิสิกส์	nák fí-sìk
químico (m)	นักเคมี	nák khay-mee
arqueólogo (m)	นักโบราณคดี	nák boh-raan-ná-khá-dee
geólogo (m)	นักธรณีวิทยา	nák thor-rá-nee wít-thá-yaa
pesquisador (cientista)	ผู้วิจัย	phôo wí-jai
babysitter, babá (f)	พี่เลี้ยงเด็ก	phêe líang dèk
professor (m)	อาจารย์	aa-jaan
redator (m)	บรรณาธิการ	ban-naa-thí-gaan
redator-chefe (m)	หัวหน้าบรรณาธิการ	hŭa nâa ban-naa-thí-gaan
correspondente (m)	ผู้สื่อข่าว	phôo sèu khàao
datilógrafa (f)	พนักงานพิมพ์ดีด	phá-nák ngaan phim dèet
designer (m)	นักออกแบบ	nák òrk bàep
especialista (m)	ผู้เชี่ยวชาญด้าน	pôo chîeow-chaan dâan
em informática	คอมพิวเตอร์	khorm-piw-dtêr
programador (m)	นักเขียนโปรแกรม	nák khĭan bproh-graem
engenheiro (m)	วิศวกร	wít-sà-wá-gon
marujo (m)	กะลาสี	gà-laa-sĕe
marinheiro (m)	คนเรือ	khon reua
socorrista (m)	นักกู้ภัย	nák gôo phai
bombeiro (m)	เจ้าหน้าที่ดับเพลิง	jâo nâa-thêe dàp phlerng
polícia (m)	เจ้าหน้าที่ตำรวจ	jâo nâa-thêe dtam-rùat

guarda-noturno (m)	คนยาม	khon yaam
detetive (m)	นักสืบ	nák sèup
funcionário (m) da alfândega	เจ้าหน้าที่ศุลกากร	jâo nâa-thêe sŭn-lá-gaa-gon
guarda-costas (m)	ผู้คุมกัน	phôo khúm gan
guarda (m) prisional	ผู้คุม	phôo khum
inspetor (m)	ผู้ตรวจการ	phôo dtrùat gaan
esportista (m)	นักกีฬา	nák gee-laa
treinador (m)	โค้ช	khóht
açougueiro (m)	คนขายเนื้อ	khon khăai néua
sapateiro (m)	คนซ่อมรองเท้า	khon sôrm rorng tháo
comerciante (m)	คนค้า	khon kháa
carregador (m)	คนงานยกของ	khon ngaan yók khŏrng
estilista (m)	นักออกแบบแฟชั่น	nák òrk bàep fae-chân
modelo (f)	นางแบบ	naang bàep

112. Ocupações. Estatuto social

estudante (~ de escola)	นักเรียน	nák rian
estudante (~ universitária)	นักศึกษา	nák sèuk-săa
filósofo (m)	นักปราชญ์	nák bpràat
economista (m)	นักเศรษฐศาสตร์	nák sàyt-thà-sàat
inventor (m)	นักประดิษฐ์	nák bprà-dìt
desempregado (m)	คนว่างงาน	khon wâang ngaan
aposentado (m)	ผู้เกษียณอายุ	phôo gà-sĭan aa-yú
espião (m)	สายลับ	săai láp
preso, prisioneiro (m)	นักโทษ	nák thôht
grevista (m)	คนนัดหยุดงาน	kon nát yùt ngaan
burocrata (m)	อำมาตย์	am-màat
viajante (m)	นักเดินทาง	nák dern-thaang
homossexual (m)	ผู้รักเพศเดียวกัน	phôo rák phâyt dieow gan
hacker (m)	แฮ็กเกอร์	háek-gêr
hippie (m, f)	ฮิปปี้	híp-bpêe
bandido (m)	โจร	john
assassino (m)	นักฆ่า	nák khâa
drogado (m)	ผู้ติดยาเสพติด	phôo dtìt yaa-sàyp-dtìt
traficante (m)	ผู้ค้ายาเสพติด	phôo kháa yaa-sàyp-dtìt
prostituta (f)	โสเภณี	sŏh-phay-nee
cafetão (m)	แมงดา	maeng-daa
bruxo (m)	พ่อมด	phôr mót
bruxa (f)	แม่มด	mâe mót
pirata (m)	โจรสลัด	john sà-làt
escravo (m)	ทาส	thâat
samurai (m)	ซามูไร	saa-moo-rai
selvagem (m)	คนป่าเถื่อน	khon bpàa thèuan

Desportos

113. Tipos de desportos. Desportistas

esportista (m)	นักกีฬา	nák gee-laa
tipo (m) de esporte	ประเภทกีฬา	bprà-phâyt gee-laa
basquete (m)	บาสเก็ตบอล	bàat-gèt-bon
jogador (m) de basquete	ผู้เลนบาสเก็ตบอล	phôo lâyn bàat-gèt-bon
beisebol (m)	เบสบอล	bàyt-bon
jogador (m) de beisebol	ผู้เลนเบสบอล	phôo lâyn bàyt bon
futebol (m)	ฟุตบอล	fút bon
jogador (m) de futebol	นักฟุตบอล	nák fút-bon
goleiro (m)	ผู้รักษาประตู	phôo rák-sǎa bprà-dtoo
hóquei (m)	ฮอกกี้	hôk-gêe
jogador (m) de hóquei	ผู้เลนฮอกกี้	phôo lâyn hôk-gêe
vôlei (m)	วอลเลย์บอล	won-lây-bon
jogador (m) de vôlei	ผู้เลนวอลเลย์บอล	phôo lâyn won-lây-bon
boxe (m)	การชกมวย	gaan chók muay
boxeador (m)	นักมวย	nák muay
luta (f)	การมวยปล้ำ	gaan muay bplâm
lutador (m)	นักมวยปล้ำ	nák muay bplâm
caratê (m)	คาราเต้	khaa-raa-dtây
carateca (m)	นักคาราเต้	nák khaa-raa-dtây
judô (m)	ยูโด	yoo-doh
judoca (m)	นักยูโด	nák yoo-doh
tênis (m)	เทนนิส	then-nít
tenista (m)	นักเทนนิส	nák then-nít
natação (f)	กีฬาว่ายน้ำ	gee-laa wâai náam
nadador (m)	นักวายน้ำ	nák wâai náam
esgrima (f)	กีฬาฟันดาบ	gee-laa fan dàap
esgrimista (m)	นักฟันดาบ	nák fan dàap
xadrez (m)	หมากรุก	màak rúk
jogador (m) de xadrez	ผู้เลนหมากรุก	phôo lên màak rúk
alpinismo (m)	การปีนเขา	gaan bpeen khǎo
alpinista (m)	นักปีนเขา	nák bpeen khǎo
corrida (f)	การวิ่ง	gaan wîng

corredor (m)	นักวิ่ง	nák wîng
atletismo (m)	กรีฑา	gree thaa
atleta (m)	นักกรีฑา	nák gree thaa
hipismo (m)	กีฬาขี่ม้า	gee-laa khèe máa
cavaleiro (m)	นักขี่ม้า	nák khèe máa
patinação (f) artística	สเก็ตลีลา	sà-gèt lee-laa
patinador (m)	นักแสดงสเก็ตลีลา	nák sà-daeng sà-gèt lee-laa
patinadora (f)	นักแสดงสเก็ตลีลา	nák sà-daeng sà-gèt lee-laa
halterofilismo (m)	กีฬายกน้ำหนัก	gee-laa yók náam nàk
halterofilista (m)	นักยกน้ำหนัก	nák yók nám nàk
corrida (f) de carros	การแข่งรถ	gaan khàeng rót
piloto (m)	นักแข่งรถ	nák khàeng rót
ciclismo (m)	การแข่งจักรยาน	gaan khàeng jàk-grà-yaan
ciclista (m)	นักแข่งจักรยาน	nák khàeng jàk-grà-yaan
salto (m) em distância	กีฬากระโดดไกล	gee-laa grà-dòht glai
salto (m) com vara	กีฬากระโดดค้ำถอ	gee-laa grà dòht khám thòr
atleta (m) de saltos	นักกระโดด	nák grà dòht

114. Tipos de desportos. Diversos

futebol (m) americano	อเมริกันฟุตบอล	a-may-rí-gan fút bon
badminton (m)	แบดมินตัน	bàet-min-dtân
biatlo (m)	ไบแอธลอน	bpai-oht-lon
bilhar (m)	บิลเลียด	bin-lîat
bobsled (m)	การขับเลื่อน น้ำแข็ง	gaan khàp lêuan náam khǎeng
musculação (f)	การเพาะกาย	gaan phór gaai
polo (m) aquático	กีฬาโปโลน้ำ	gee-laa bpoh loh nám
handebol (m)	แฮนด์บอล	haen-bon
golfe (m)	กอล์ฟ	góf
remo (m)	การพายเรือ	gaan phaai reua
mergulho (m)	การดำน้ำ	gaan dam náam
corrida (f) de esqui	การแข่งสกี ตามเส้นทาง	gaan khàeng sà-gee dtaam sên thaang
tênis (m) de mesa	กีฬาปิงปอง	gee-laa bping-bpong
vela (f)	การแล่นเรือใบ	gaan lâen reua bai
rali (m)	การแข่งแรลลี่	gaan khàeng rae lá-lêe
rúgbi (m)	รักบี้	rák-bêe
snowboard (m)	สโนว์บอร์ด	sà-nǒh bòt
arco-e-flecha (m)	การยิงธนู	gaan ying thá-noo

115. Ginásio

barra (f)	บาร์เบลล์	baa bayn
halteres (m pl)	ที่ยกน้ำหนัก	thêe yók nám nàk

aparelho (m) de musculação	เครื่องออกกำลังกาย	khrêuang òk gam-lang gaai
bicicleta (f) ergométrica	จักรยานออก กำลังกาย	jàk-grà-yaan òk gam-lang gaai
esteira (f) de corrida	ลู่วิ่งออกกำลังกาย	lôo wîng òk gam-lang gaai
barra (f) fixa	บาร์เดี่ยว	baa dìeow
barras (f pl) paralelas	บาร์คู่	baa khôo
cavalo (m)	ม้าขวาง	máa khwǎang
tapete (m) de ginástica	เสื่อออกกำลังกาย	sèua òrk gam-lang gaai
corda (f) de saltar	กระโดดเชือก	grà dòht chêuak
aeróbica (f)	แอโรบิก	ae-roh-bìk
ioga, yoga (f)	โยคะ	yoh-khá

116. Desportos. Diversos

Jogos (m pl) Olímpicos	กีฬาโอลิมปิก	gee-laa oh-lim-bpìk
vencedor (m)	ผู้ชนะ	phôo chá-ná
vencer (vi)	ชนะ	chá-ná
vencer (vi, vt)	ชนะ	chá-ná
líder (m)	ผู้นำ	phôo nam
liderar (vt)	นำ	nam
primeiro lugar (m)	อันดับที่หนึ่ง	an-dàp thêe nèung
segundo lugar (m)	อันดับที่สอง	an-dàp thêe sǒrng
terceiro lugar (m)	อันดับที่สาม	an-dàp thêe sǎam
medalha (f)	เหรียญรางวัล	rǐan raang-wan
troféu (m)	ถ้วยรางวัล	thûay raang-wan
taça (f)	เวท	wâyt
prêmio (m)	รางวัล	raang-wan
prêmio (m) principal	รางวัลหลัก	raang-wan làk
recorde (m)	สถิติ	sà-thì-dtì
estabelecer um recorde	ทำสถิติ	tham sà-thì-dtì
final (m)	รอบสุดท้าย	rôrp sùt tháai
final (adj)	สุดทาย	sùt tháai
campeão (m)	แชมป์เปี้ยน	chaem-bpîan
campeonato (m)	ชิงแชมป์	ching chaem
estádio (m)	สนาม	sà-nǎam
arquibancadas (f pl)	อัฒจันทร์	àt-tá-jan
fã, torcedor (m)	แฟน	faen
adversário (m)	คู่ต่อสู้	khôo dtòr sôo
partida (f)	เส้นเริ่ม	sên rêrm
linha (f) de chegada	เสนชัย	sên chai
derrota (f)	ความพ่ายแพ้	khwaam phâai pháe
perder (vt)	แพ้	pháe
árbitro, juiz (m)	กรรมการ	gam-má-gaan

júri (m)	คณะผู้ตัดสิน	khá-ná phôo dtàt sĭn
resultado (m)	คะแนน	khá-naen
empate (m)	เสมอ	sà-mĕr
empatar (vi)	ได้คะแนนเท่ากัน	dâai khá-naen thâo gan
ponto (m)	แต้ม	dtâem
resultado (m) final	ผลลัพธ์	phŏn láp
tempo (m)	ช่วง	chûang
intervalo (m)	ช่วงพักครึ่ง	chûang phák khrêung
doping (m)	การใช้สารต้องห้าม	gaan chái săan dtôrng hâam
	ทางการกีฬา	thaang gaan gee-laa
penalizar (vt)	ทำโทษ	tham thôht
desqualificar (vt)	ตัดสิทธิ์	dtàt sìt
aparelho, aparato (m)	อุปกรณ์	ù-bpà-gon
dardo (m)	แหลน	lăen
peso (m)	ลูกเหล็ก	lôok lèk
bola (f)	ลูก	lôok
alvo, objetivo (m)	เล็งเป้า	leng bpâo
alvo (~ de papel)	เป้านิ่ง	bpâo nîng
disparar, atirar (vi)	ยิง	ying
preciso (tiro ~)	แม่นยำ	mâen yam
treinador (m)	โค้ช	khóht
treinar (vt)	ฝึก	fèuk
treinar-se (vr)	ฝึกหัด	fèuk hàt
treino (m)	การฝึกหัด	gaan fèuk hàt
academia (f) de ginástica	โรงยิม	rohng-yim
exercício (m)	การออกกำลัง	gaan òrk gam-lang
aquecimento (m)	การอบอุ่นร่างกาย	gaan òp ùn râang gaai

Educação

117. Escola

escola (f)	โรงเรียน	rohng rian
diretor (m) de escola	อาจารย์ใหญ่	aa-jaan yài
aluno (m)	นักเรียน	nák rian
aluna (f)	นักเรียน	nák rian
estudante (m)	เด็กนักเรียนชาย	dèk nák rian chaai
estudante (f)	เด็กนักเรียนหญิง	dèk nák rian yǐng
ensinar (vt)	สอน	sǒrn
aprender (vt)	เรียน	rian
decorar (vt)	ท่องจำ	thôrng jam
estudar (vi)	เรียน	rian
estar na escola	ไปโรงเรียน	bpai rohng rian
ir à escola	ไปโรงเรียน	bpai rohng rian
alfabeto (m)	ตัวอักษร	dtua àk-sǒn
disciplina (f)	วิชา	wí-chaa
sala (f) de aula	ห้องเรียน	hôrng rian
lição, aula (f)	ชั่วโมงเรียน	chûa mohng rian
recreio (m)	ช่วงพัก	chûang phák
toque (m)	สัญญาณหมดเรียน	sǎn-yaan mòt rian
classe (f)	โต๊ะนักเรียน	dtó nák rian
quadro (m) negro	กระดานดำ	grà-daan dam
nota (f)	เกรด	gràyt
boa nota (f)	เกรดดี	gràyt dee
nota (f) baixa	เกรดแย่	gràyt yâe
dar uma nota	ให้เกรด	hâi gràyt
erro (m)	ข้อผิดพลาด	khôr phìt phlâat
errar (vi)	ทำผิดพลาด	tham phìt phlâat
corrigir (~ um erro)	แก้ไข	gâe khǎi
cola (f)	โพย	phoi
dever (m) de casa	การบ้าน	gaan bâan
exercício (m)	แบบฝึกหัด	bàep fèuk hàt
estar presente	มาเรียน	maa rian
estar ausente	ขาด	khàat
faltar às aulas	ขาดเรียน	khàat rian
punir (vt)	ลงโทษ	long thôht
punição (f)	การลงโทษ	gaan long thôht
comportamento (m)	ความประพฤติ	khwaam bprà-préut

boletim (m) escolar	สมุดพก	sà-mùt phók
lápis (m)	ดินสอ	din-sŏr
borracha (f)	ยางลบ	yaang lóp
giz (m)	ชอลค	chôrk
porta-lápis (m)	กลองดินสอ	glòrng din-sŏr
mala, pasta, mochila (f)	กระเป๋า	grà-bpǎo
caneta (f)	ปากกา	bpàak gaa
caderno (m)	สมุดจด	sà-mùt jòt
livro (m) didático	หนังสือเรียน	nǎng-sěu rian
compasso (m)	วงเวียน	wong wian
traçar (vt)	รางภาพทางเทคนิค	râang phâap thaang thék-nìk
desenho (m) técnico	ภาพรางทางเทคนิค	phâap-râang thaang thék-nìk
poesia (f)	กลอน	glorn
de cor	โดยทองจำ	doi thôrng jam
decorar (vt)	ทองจำ	thôrng jam
férias (f pl)	เวลาปิดเทอม	way-laa bpìt therm
estar de férias	หยุดปิดเทอม	yùt bpìt therm
passar as férias	ใชเวลาหยุดปิดเทอม	chái way-laa yùt bpìt therm
teste (m), prova (f)	การทดสอบ	gaan thót sòrp
redação (f)	ความเรียง	khwaam riang
ditado (m)	การเขียนตามคำบอก	gaan khǐan dtaam kam bòrk
exame (m), prova (f)	การสอบ	gaan sòrp
fazer prova	สอบไล	sòrp lâi
experiência (~ química)	การทดลอง	gaan thót lorng

118. Colégio. Universidade

academia (f)	โรงเรียน	rohng rian
universidade (f)	มหาวิทยาลัย	má-hǎa wít-thá-yaa-lai
faculdade (f)	คณะ	khá-ná
estudante (m)	นักศึกษา	nák sèuk-sǎa
estudante (f)	นักศึกษา	nák sèuk-sǎa
professor (m)	อาจารย	aa-jaan
auditório (m)	หองบรรยาย	hôrng ban-yaai
graduado (m)	บัณฑิต	ban-dìt
diploma (m)	อนุปริญญา	a-nú bpà-rin-yaa
tese (f)	ปริญญานิพนธ์	bpà-rin-yaa ní-phon
estudo (obra)	การวิจัย	gaan wí-jai
laboratório (m)	หองปฏิบัติการ	hôrng bpà-dtì-bàt gaan
palestra (f)	การบรรยาย	gaan ban-yaai
colega (m) de curso	เพื่อนรวมชั้น	phêuan rûam chán
bolsa (f) de estudos	ทุน	thun
grau (m) acadêmico	วุฒิการศึกษา	wút-thí gaan sèuk-sǎa

119. Ciências. Disciplinas

matemática (f)	คณิตศาสตร์	khá-nít sàat
álgebra (f)	พีชคณิต	phee-chá-khá-nít
geometria (f)	เรขาคณิต	ray-khǎa khá-nít
astronomia (f)	ดาราศาสตร์	daa-raa sàat
biologia (f)	ชีววิทยา	chee-wá-wít-thá-yaa
geografia (f)	ภูมิศาสตร์	phoo-mí-sàat
geologia (f)	ธรณีวิทยา	thor-rá-nee wít-thá-yaa
história (f)	ประวัติศาสตร์	bprà-wàt sàat
medicina (f)	แพทยศาสตร์	phâet-tha-ya-sàat
pedagogia (f)	ครุศาสตร	khrú sàat
direito (m)	ธรรมศาสตร์	tham-ma -sàat
física (f)	ฟิสิกส์	fí-sìk
química (f)	เคมี	khay-mee
filosofia (f)	ปรัชญา	bpràt-yaa
psicologia (f)	จิตวิทยา	jìt-wít-thá-yaa

120. Sistema de escrita. Ortografia

gramática (f)	ไวยากรณ์	wai-yaa-gon
vocabulário (m)	คำศัพท	kham sàp
fonética (f)	การออกเสียง	gaan òrk sǐang
substantivo (m)	นาม	naam
adjetivo (m)	คำคุณศัพท์	kham khun-ná-sàp
verbo (m)	กริยา	grì-yaa
advérbio (m)	คำวิเศษณ์	kham wí-sàyt
pronome (m)	คำสรรพนาม	kham sàp-phá-naam
interjeição (f)	คำอุทาน	kham u-thaan
preposição (f)	คำบุพบท	kham bùp-phá-bòt
raiz (f)	รากศัพท์	râak sàp
terminação (f)	คำลงท้าย	kham long tháai
prefixo (m)	คำนำหน้า	kham nam nâa
sílaba (f)	พยางค์	phá-yaang
sufixo (m)	คำเสริมท้าย	kham sěrm tháai
acento (m)	เครื่องหมายเน้น	khrêuang mǎai náyn
apóstrofo (f)	อะพอสทรอฟี	à-phor-sòt-ror-fee
ponto (m)	จุด	jùt
vírgula (f)	จุลภาค	jun-lá-phâak
ponto e vírgula (m)	อัฒภาค	àt-thá-phâak
dois pontos (m pl)	ทวิภาค	thá-wí phâak
reticências (f pl)	การละไว้	gaan lá wái
ponto (m) de interrogação	เครื่องหมายปรัศนี	khrêuang mǎai bpràt-nee
ponto (m) de exclamação	เครื่องหมายอัศเจรีย์	khrêuang mǎai àt-sà-jay-ree

aspas (f pl)	อัญประกาศ	an-yá-bprà-gàat
entre aspas	ในอัญประกาศ	nai an-yá-bprà-gàat
parênteses (m pl)	วงเล็บ	wong lép
entre parênteses	ในวงเล็บ	nai wong lép
hífen (m)	ยัติภังค์	yát-dtì-phang
travessão (m)	ขีดคั่น	khèet khân
espaço (m)	ช่องไฟ	chôrng fai
letra (f)	ตัวอักษร	dtua àk-sǒn
letra (f) maiúscula	อักษรตัวใหญ่	àk-sǒn dtua yài
vogal (f)	สระ	sà-ra
consoante (f)	พยัญชนะ	phá-yan-chá-ná
frase (f)	ประโยค	bprà-yòhk
sujeito (m)	ภาคประธาน	phâak bprà-thaan
predicado (m)	ภาคแสดง	phâak sà-daeng
linha (f)	บรรทัด	ban-thát
em uma nova linha	ที่บรรทัดใหม่	têe ban-thát mài
parágrafo (m)	วรรค	wák
palavra (f)	คำ	kham
grupo (m) de palavras	กลุ่มคำ	glùm kham
expressão (f)	วลี	wá-lee
sinônimo (m)	คำพ้องความหมาย	kham phóng khwaam mǎai
antônimo (m)	คำตรงกันข้าม	kham dtrorng gan khâam
regra (f)	กฎ	gòt
exceção (f)	ข้อยกเว้น	khôr yok-wâyn
correto (adj)	ถูก	thòok
conjugação (f)	คอนจูเกชัน	khorn joo gay chan
declinação (f)	การกระจายคำ	gaan grà-jaai kham
caso (m)	การก	gaa-rók
pergunta (f)	คำถาม	kham thǎam
sublinhar (vt)	ขีดเส้นใต้	khèet sên dtâi
linha (f) pontilhada	เส้นประ	sên bprà

121. Línguas estrangeiras

língua (f)	ภาษา	phaa-sǎa
estrangeiro (adj)	ต่างชาติ	dtàang châat
língua (f) estrangeira	ภาษาต่างชาติ	phaa-sǎa dtàang châat
estudar (vt)	เรียน	rian
aprender (vt)	เรียน	rian
ler (vt)	อ่าน	àan
falar (vi)	พูด	phôot
entender (vt)	เข้าใจ	khâo jai
escrever (vt)	เขียน	khǐan
rapidamente	รวดเร็ว	rûat reo
devagar, lentamente	อย่างช้า	yàang cháa

fluentemente	อย่างคล่อง	yàang khlôrng
regras (f pl)	กฎ	gòt
gramática (f)	ไวยากรณ์	wai-yaa-gon
vocabulário (m)	คำศัพท์	kham sàp
fonética (f)	การออกเสียง	gaan òrk sĭang
livro (m) didático	หนังสือเรียน	năng-sĕu rian
dicionário (m)	พจนานุกรม	phót-jà-naa-nú-grom
manual (m) autodidático	หนังสือแบบเรียนด้วยตนเอง	năng-sĕu bàep rian dûay dton ayng
guia (m) de conversação	เฟรสบุก	frayt bùk
fita (f) cassete	เทปคาสเซ็ตต์	thâyp khaas-sét
videoteipe (m)	วิดีโอ	wí-dee-oh
CD (m)	CD	see-dee
DVD (m)	DVD	dee-wee-dee
alfabeto (m)	ตัวอักษร	dtua àk-sŏn
soletrar (vt)	สะกด	sà-gòt
pronúncia (f)	การออกเสียง	gaan òrk sĭang
sotaque (m)	สำเนียง	săm-niang
com sotaque	มีสำเนียง	mee săm-niang
sem sotaque	ไม่มีสำเนียง	mâi mee săm-niang
palavra (f)	คำ	kham
sentido (m)	ความหมาย	khwaam măai
curso (m)	หลักสูตร	làk sòot
inscrever-se (vr)	สมัคร	sà-màk
professor (m)	อาจารย์	aa-jaan
tradução (processo)	การแปล	gaan bplae
tradução (texto)	คำแปล	kham bplae
tradutor (m)	นักแปล	nák bplae
intérprete (m)	ลาม	lâam
poliglota (m)	ผู้รู้หลายภาษา	phôo róo lăai paa-săa
memória (f)	ความทรงจำ	khwaam song jam

122. Personagens de contos de fadas

Papai Noel (m)	ซานตาคลอส	saan-dtaa-khlôrt
Cinderela (f)	ซินเดอเรลลา	sín-day-rayn-lâa
sereia (f)	เงือก	ngêuak
Netuno (m)	เนปจูน	nâyp-joon
bruxo, feiticeiro (m)	พ่อมด	phôr mót
fada (f)	แมมด	mâe mót
mágico (adj)	วิเศษ	wí-sàyt
varinha (f) mágica	ไม้กายสิทธิ์	mái gaai-yá-sìt
conto (m) de fadas	เทพนิยาย	thâyp ní-yaai
milagre (m)	ปาฏิหาริย	bpaa dtì-hăan

| anão (m) | คนแคระ | khon khráe |
| transformar-se em … | กลายเป็น… | glaai bpen… |

fantasma (m)	ภูตผีปีศาจ	phôot phěe bpee-sàat
fantasma (m)	ผี	phěe
monstro (m)	สัตว์ประหลาด	sàt bprà-làat
dragão (m)	มังกร	mang-gon
gigante (m)	ยักษ์	yák

123. Signos do Zodíaco

Áries (f)	ราศีเมษ	raa-sěe mâyt
Touro (m)	ราศีพฤษภ	raa-sěe phréut-sòp
Gêmeos (m pl)	ราศีมิถุน	raa-sěe me-thǔn
Câncer (m)	ราศีกรกฎ	raa-sěe gor-rá-gòt
Leão (m)	ราศีสิงห์	raa-sěe-sǐng
Virgem (f)	ราศีกันย์	raa-sěe gan

Libra (f)	ราศีตุล	raa-sěe dtun
Escorpião (m)	ราศีพฤศจิก	raa-sěe phréut-sà-jìk
Sagitário (m)	ราศีธันว	raa-sěe than
Capricórnio (m)	ราศีมังกร	raa-sěe mang-gon
Aquário (m)	ราศีกุมภ	raa-sěe gum
Peixes (pl)	ราศีมีน	raa-sěe meen

caráter (m)	บุคลิก	bùk-khá-lík
traços (m pl) do caráter	ลักษณะบุคลิก	lák-sà-nà bùk-khá-lík
comportamento (m)	พฤติกรรม	phréut-dtì-gam
prever a sorte	ทำนายชะตา	tham naai chá-dtaa
adivinha (f)	หมอดู	mǒr doo
horóscopo (m)	ดวงชะตา	duang chá-dtaa

Artes

124. Teatro

teatro (m)	โรงละคร	rohng lá-khon
ópera (f)	โอเปรา	oh-bprào
opereta (f)	ละครเพลง	lá-khon phlayng
balé (m)	บัลเลต์	ban lây
cartaz (m)	โปสเตอร์ละคร	bpòht-dtêr lá-khon
companhia (f) de teatro	คณะผู้แสดง	khá-ná phôo sà-daeng
turnê (f)	การออกแสดง	gaan òrk sà-daeng
estar em turnê	ออกแสดง	òrk sà-daeng
ensaiar (vt)	ซ้อม	sórm
ensaio (m)	การซ้อม	gaan sórm
repertório (m)	รายการละคร	raai gaan lá-khon
apresentação (f)	การแสดง	gaan sà-daeng
espetáculo (m)	การแสดง	gaan sà-daeng
	มหรสพ	má-hŏr-rá-sòp
peça (f)	ละคร	lá-khon
entrada (m)	ตั๋ว	dtŭa
bilheteira (f)	ช่องจำหน่ายตั๋ว	chôrng jam-nàai dtŭa
hall (m)	ล็อบบี้	lórp-bêe
vestiário (m)	ที่รับฝากเสื้อโค้ท	thêe ráp fàak sêua khóht
senha (f) numerada	ป้ายรับเสื้อ	bpâai ráp sêua
binóculo (m)	กล้องส่องสองตา	glôrng sòrng sŏrng dtaa
lanterninha (m)	พนักงานที่นำ	phá-nák ngaan thêe nam
	ไปยังที่นั่ง	bpai yang thêe nâng
plateia (f)	ที่นั่งชั้นล่าง	thêe nâng chán lâang
balcão (m)	ที่นั่งชั้นสอง	thêe nâng chán sŏrng
primeiro balcão (m)	ที่นั่งชั้นบน	thêe nâng chán bon
camarote (m)	ที่นั่งพิเศษ	thêe nâng phí-sàyt
fila (f)	แถว	thăe
assento (m)	ที่นั่ง	thêe nâng
público (m)	ผู้ชม	phôo chom
espectador (m)	ผู้เข้าชม	phôo khâo chom
aplaudir (vt)	ปรบมือ	bpròp meu
aplauso (m)	การปรบมือ	gaan bpròp meu
ovação (f)	การปรบมือให้เกียรติ	gaan bpròp meu hâi gìat
palco (m)	เวที	way-thee
cortina (f)	ฉาก	chàak
cenário (m)	ฉาก	chàak
bastidores (m pl)	หลังเวที	lăng way-thee
cena (f)	ตอน	dtorn
ato (m)	องค์	ong
intervalo (m)	ช่วงหยุดพัก	chûang yùt phák

125. Cinema

ator (m)	นักแสดงชาย	nák sà-daeng chaai
atriz (f)	นักแสดงหญิง	nák sà-daeng yǐng
cinema (m)	ภาพยนตร์	phâap-phá-yon
filme (m)	หนัง	nǎng
episódio (m)	ตอน	dtorn
filme (m) policial	หนังประโลมโลกสืบสวน	nǎng sèup sǔan
filme (m) de ação	หนังแอ็คชั่น	nǎng áek-chân
filme (m) de aventuras	หนังผจญภัย	nǎng phà-jon phai
filme (m) de ficção científica	หนังนิยายวิทยาศาสตร์	nǎng ní-yaai wít-thá-yaa sàat
filme (m) de horror	หนังสยองขวัญ	nǎng sà-yǒrng khwǎn
comédia (f)	หนังตลก	nǎng dtà-lòk
melodrama (m)	หนังประโลมโลก	nǎng bprà-lohm lôhk
drama (m)	หนังดรามา	nǎng dràa maa
filme (m) de ficção	หนังเรื่องแต่ง	nǎng rêuang dtàeng
documentário (m)	หนังสารคดี	nǎng sǎa-rá-khá-dee
desenho (m) animado	การ์ตูน	gaa-dtoon
cinema (m) mudo	หนังเงียบ	nǎng ngîap
papel (m)	บทบาท	bòt bàat
papel (m) principal	บทบาทนำ	bòt bàat nam
representar (vt)	แสดง	sà-daeng
estrela (f) de cinema	ดาราภาพยนตร์	daa-raa phâap-phá-yon
conhecido (adj)	เป็นที่รู้จักดี	bpen thêe róo jàk dee
famoso (adj)	ชื่อดัง	chêu dang
popular (adj)	ที่นิยม	thêe ní-yom
roteiro (m)	บท	bòt
roteirista (m)	คนเขียนบท	khon khǐan bòt
diretor (m) de cinema	ผู้กำกับภาพยนตร์	phôo gam-gàp phâap-phá-yon
produtor (m)	ผู้อำนวยการสร้าง	phôo am-nuay gaan sâang
assistente (m)	ผู้ช่วย	phôo chûay
diretor (m) de fotografia	ช่างกล้อง	châang glôrng
dublê (m)	นักแสดงแทน	nák sà-daeng thaen
dublê (m) de corpo	นักแสดงแทน	nák sà-daeng thaen
filmar (vt)	ถ่ายทำภาพยนตร์	thàai tham phâap-phá-yon
audição (f)	การคัดนักแสดง	gaan khát nák sà-daeng
filmagem (f)	การถ่ายทำ	gaan thàai tham
equipe (f) de filmagem	กลุ่มคนถ่ายภาพยนต	glùm khon thàai phâa-pha-yon
set (m) de filmagem	สถานที่ถ่ายทำภาพยนตร์	sà-thǎan thêe thàai tham phâap-phá-yon
câmera (f)	กล้อง	glôrng
cinema (m)	โรงภาพยนตร์	rohng phâap-phá-yon
tela (f)	หน้าจอ	nâa jor
exibir um filme	ฉายภาพยนตร์	chǎai phâap-phá-yon

trilha (f) sonora	เสียงซาวด์แทร็ก	sĭang saao tráek
efeitos (m pl) especiais	เอฟเฟ็กตพิเศษ	àyf-fék phí-sàyt
legendas (f pl)	ซับ	sáp
crédito (m)	เครดิต	khray-dìt
tradução (f)	การแปล	gaan bplae

126. Pintura

arte (f)	ศิลปะ	sĭn-lá-bpà
belas-artes (f pl)	วิจิตรศิลป์	wí-jìt sĭn
galeria (f) de arte	หอศิลป์	hŏr sĭn
exibição (f) de arte	การจัดแสดงศิลปะ	gaan jàt sà-daeng sĭn-lá-bpà
pintura (f)	จิตรกรรม	jìt-dtrà-gam
arte (f) gráfica	เลขนศิลป์	lâyk-ná-sĭn
arte (f) abstrata	ศิลปะนามธรรม	sĭn-lá-bpà naam-má-tham
impressionismo (m)	ลัทธิประทับใจ	lát-thí bprà-tháp jai
pintura (f), quadro (m)	ภาพ	phâap
desenho (m)	ภาพวาด	phâap-wâat
cartaz, pôster (m)	โปสเตอร์	bpòht-dtêr
ilustração (f)	ภาพประกอบ	phâap bprà-gòrp
miniatura (f)	รูปปั้นขนาดยอ	rôop bpân khà-nàat yôr
cópia (f)	สำเนา	săm-nao
reprodução (f)	การทำซ้ำ	gaan tham sám
mosaico (m)	โมเสก	moh-sàyk
vitral (m)	หนาตางกระจกสี	nâa dtàang grà-jòk sĕe
afresco (m)	ภาพผนัง	phâap phà-năng
gravura (f)	การแกะลาย	gaan gàe laai
busto (m)	รูปปั้นครึ่งตัว	rôop bpân khrêung dtua
escultura (f)	รูปปั้นแกะสลัก	rôop bpân gàe sà-làk
estátua (f)	รูปปั้น	rôop bpân
gesso (m)	ปูนปลาสเตอร์	bpoon bpláat-dtêr
em gesso (adj)	ปูนปลาสเตอร์	bpoon bpláat-dtêr
retrato (m)	ภาพเหมือน	phâap mĕuan
autorretrato (m)	ภาพเหมือนของตนเอง	phâap mĕuan khŏrng dton ayng
paisagem (f)	ภาพภูมิทัศน์	phâap phoom-mi -thát
natureza (f) morta	ภาพหุนนิ่ง	phâap hùn nîng
caricatura (f)	ภาพลอ	phâap-lór
esboço (m)	ภาพสเก็ตช์	phâap sà-gèt
tinta (f)	สี	sĕe
aquarela (f)	สีน้ำ	sĕe náam
tinta (f) a óleo	สีน้ำมัน	sĕe náam man
lápis (m)	ดินสอ	din-sŏr
tinta (f) nanquim	หมึกสีดำ	mèuk sĕe dam
carvão (m)	ถาน	thàan
desenhar (vt)	วาด	wâat
pintar (vt)	ระบายสี	rá-baai sĕe

posar (vi)	จัดท่า	jàt thâa
modelo (m)	แบบภาพวาด	bàep phâap-wâat
modelo (f)	แบบภาพวาด	bàep phâap-wâat
pintor (m)	ช่างวาดรูป	châang wâat rôop
obra (f)	งานศิลปะ	ngaan sĭn-lá-bpà
obra-prima (f)	งานชิ้นเอก	ngaan chín àyk
estúdio (m)	สตูดิโอ	sà-dtoo dì oh
tela (f)	ผ้าใบ	phâa bai
cavalete (m)	ขาตั้งกระดาน	khăa dtâng grà daan
	วาดรูป	wâat rôop
paleta (f)	จานสี	jaan sĕe
moldura (f)	กรอบ	gròrp
restauração (f)	การฟื้นฟู	gaan féun foo
restaurar (vt)	ฟื้นฟู	féun foo

127. Literatura & Poesia

literatura (f)	วรรณคดี	wan-ná-khá-dee
autor (m)	ผู้แต่ง	phôo dtàeng
pseudônimo (m)	นามปากกา	naam bpàak gaa
livro (m)	หนังสือ	năng-sĕu
volume (m)	เล่ม	lêm
índice (m)	สารบัญ	săa-rá-ban
página (f)	หน้า	nâa
protagonista (m)	ตัวละครหลัก	dtua lá-khon làk
autógrafo (m)	ลายเซ็น	laai sen
conto (m)	เรื่องสั้น	rêuang sân
novela (f)	เรื่องราว	rêuang raao
romance (m)	นิยาย	ní-yaai
obra (f)	งานเขียน	ngaan khĭan
fábula (m)	นิทาน	ní-thaan
romance (m) policial	นิยายสืบสวน	ní-yaai sèup sŭan
verso (m)	กลอน	glorn
poesia (f)	บทกลอน	bòt glorn
poema (m)	บทกวี	bòt gà-wee
poeta (m)	นักกวี	nák gà-wee
ficção (f)	เรื่องแต่ง	rêuang dtàeng
ficção (f) científica	นิยายวิทยาศาสตร์	ní-yaai wít-thá-yaa sàat
aventuras (f pl)	นิยายผจญภัย	ní-yaai phà-jon phai
literatura (f) didática	วรรณกรรมการศึกษา	wan-ná-gam gaan sèuk-săa
literatura (f) infantil	วรรณกรรมสำหรับเด็ก	wàn-ná-gam săm-ràp dèk

128. Circo

circo (m)	ละครสัตว์	lá-khon sàt
circo (m) ambulante	ละครสัตว์เร่ร่อน	lá-khon sàt lây rôrn

programa (m)	รายการการแสดง	raai gaan gaan sà-daeng
apresentação (f)	การแสดง	gaan sà-daeng
número (m)	การแสดง	gaan sà-daeng
picadeiro (f)	เวทีละครสัตว์	way-thee lá-kon sàt
pantomima (f)	ละครใบ้	lá-khon bâi
palhaço (m)	ตัวตลก	dtua dtà-lòk
acrobata (m)	นักกายกรรม	nák gaai-yá-gam
acrobacia (f)	กายกรรม	gaai-yá-gam
ginasta (m)	นักกายกรรม	nák gaai-yá-gam
ginástica (f)	กายกรรม	gaai-yá-gam
salto (m) mortal	การตีลังกา	gaan dtee lang-gaa
homem (m) forte	นักกีฬา	nák gee-laa
domador (m)	ผู้ฝึกสัตว์	phôo fèuk sàt
cavaleiro (m) equilibrista	นักกี่ขี่	nák khèe
assistente (m)	ผู้ช่วย	phôo chûay
truque (m)	ผาดโผน	phàat phŏhn
truque (m) de mágica	มายากล	maa-yaa gon
ilusionista (m)	นักมายากล	nák maa-yaa gon
malabarista (m)	นักมายากล	nák maa-yaa gon
	โยนของ	yohn khŏrng
fazer malabarismos	โยนของ	yohn khŏrng
adestrador (m)	ผู้ฝึกสัตว์	phôo fèuk sàt
adestramento (m)	การฝึกสัตว์	gaan fèuk sàt
adestrar (vt)	ฝึก	fèuk

129. Música. Música popular

música (f)	ดนตรี	don-dtree
músico (m)	นักดนตรี	nák don-dtree
instrumento (m) musical	เครื่องดนตรี	khrêuang don-dtree
tocar ...	เล่น	lên
guitarra (f)	กีตาร์	gee-dtâa
violino (m)	ไวโอลิน	wai-oh-lin
violoncelo (m)	เชลโล	chayn-lôh
contrabaixo (m)	ดับเบิลเบส	dàp-bern bàyt
harpa (f)	พิณ	phin
piano (m)	เปียโน	bpia noh
piano (m) de cauda	แกรนด์เปียโน	graen bpia-noh
órgão (m)	ออร์แกน	or-gaen
instrumentos (m pl) de sopro	เครื่องเป่า	khrêuang bpào
oboé (m)	โอโบ	oh-boh
saxofone (m)	แซ็กโซโฟน	sáek-soh-fohn
clarinete (m)	แคลริเน็ต	khlae-rí-nét
flauta (f)	ฟลูต	flút
trompete (m)	ทรัมเป็ต	thram-bpèt

acordeão (m)	หีบเพลงชัก	hèep phlayng chák
tambor (m)	กลอง	glorng
dueto (m)	คู่	khôo
trio (m)	วงทริโอ	wong thrí-oh
quarteto (m)	กลุ่มที่มีสี่คน	glùm thêe mee sèe khon
coro (m)	คณะประสานเสียง	khá-ná bprà-săan sĭang
orquestra (f)	วงดุริยางค์	wong dù-rí-yaang
música (f) pop	เพลงป็อป	phlayng bpòp
música (f) rock	เพลงร็อค	phlayng rók
grupo (m) de rock	วงร็อค	wong rórk
jazz (m)	แจซ	jáet
ídolo (m)	ไอดอล	ai-dorn
fã, admirador (m)	แฟน	faen
concerto (m)	คอนเสิร์ต	khon-sèrt
sinfonia (f)	ซิมโฟนี่	sím-foh-nee
composição (f)	การแต่งเพลง	gaan dtàeng phlayng
compor (vt)	แต่ง	dtàeng
canto (m)	การร้องเพลง	gaan róng playng
canção (f)	เพลง	phlayng
melodia (f)	เสียงเพลง	sĭang phlayng
ritmo (m)	จังหวะ	jang wà
blues (m)	บลูส	bloo
notas (f pl)	โน้ตเพลง	nóht phlayng
batuta (f)	ไม้สั้นของ	máai sân khŏrng
	วาทยากร	wâa-tha-yaa gon
arco (m)	คันชอ	khan sor
corda (f)	สาย	săai
estojo (m)	กลอง	glòrng

Descanso. Entretenimento. Viagens

130. Viagens

turismo (m)	การท่องเที่ยว	gaan thôrng thîeow
turista (m)	นักท่องเที่ยว	nák thôrng thîeow
viagem (f)	การเดินทาง	gaan dern thaang
aventura (f)	การผจญภัย	gaan phà-jon phai
percurso (curta viagem)	การเดินทาง	gaan dern thaang
férias (f pl)	วันหยุดพักผ่อน	wan yùt phák phòrn
estar de férias	หยุดพักผ่อน	yùt phák phòrn
descanso (m)	การพัก	gaan phák
trem (m)	รถไฟ	rót fai
de trem (chegar ~)	โดยรถไฟ	doi rót fai
avião (m)	เครื่องบิน	khrêuang bin
de avião	โดยเครื่องบิน	doi khrêuang bin
de carro	โดยรถยนต์	doi rót-yon
de navio	โดยเรือ	doi reua
bagagem (f)	สัมภาระ	săm-phaa-rá
mala (f)	กระเป๋าเดินทาง	grà-bpăo dern-thaang
carrinho (m)	รถขนสัมภาระ	rót khŏn săm-phaa-rá
passaporte (m)	หนังสือเดินทาง	năng-sĕu dern-thaang
visto (m)	วีซ่า	wee-sâa
passagem (f)	ตั๋ว	dtŭa
passagem (f) aérea	ตั๋วเครื่องบิน	dtŭa khrêuang bin
guia (m) de viagem	หนังสือแนะนำ	năng-sĕu náe nam
mapa (m)	แผนที่	phăen thêe
área (f)	เขต	khàyt
lugar (m)	สถานที่	sà-thăan thêe
exotismo (m)	สิ่งแปลกใหม่	sìng bplàek mài
exótico (adj)	ต่างแดน	dtàang daen
surpreendente (adj)	น่าประหลาดใจ	nâa bprà-làat jai
grupo (m)	กลุ่ม	glùm
excursão (f)	การเดินทางท่องเที่ยว	gaan dern taang thôrng thîeow
guia (m)	มัคคุเทศก์	mák-khú-thâyt

131. Hotel

hospedaria (f)	โรงแรม	rohng raem
motel (m)	โรงแรม	rohng raem

três estrelas	สามดาว	săam daao
cinco estrelas	หาดาว	hâa daao
ficar (vi, vt)	พัก	phák
quarto (m)	ห้อง	hôrng
quarto (m) individual	ห้องเดี่ยว	hôrng dìeow
quarto (m) duplo	หองคู	hôrng khôo
reservar um quarto	จองหอง	jorng hôrng
meia pensão (f)	พักครึ่งวัน	phák khrêung wan
pensão (f) completa	พักเต็มวัน	phák dtem wan
com banheira	มีห้องอาบน้ำ	mee hôrng àap náam
com chuveiro	มีฝักบัว	mee fàk bua
televisão (m) por satélite	โทรทัศน์ดาวเทียม	thoh-rá-thát daao thiam
ar (m) condicionado	เครื่องปรับอากาศ	khrêuang bpràp-aa-gàat
toalha (f)	ผ้าเช็ดตัว	phâa chét dtua
chave (f)	กุญแจ	gun-jae
administrador (m)	นักบุริหาร	nák bor-rí-hăan
camareira (f)	แมบาน	mâe bâan
bagageiro (m)	พนักงาน.	phá-nák ngaan
	ขนกระเป๋า	khŏn grà-bpăo
porteiro (m)	พนักงาน	phá-nák ngaan
	เปิดประตู	bpèrt bprà-dtoo
restaurante (m)	ร้านอาหาร	ráan aa-hăan
bar (m)	บาร	baa
café (m) da manhã	อาหารเช้า	aa-hăan cháo
jantar (m)	อาหารเย็น	aa-hăan yen
bufê (m)	บุฟเฟต์	bùf-fây
saguão (m)	ล็อบปี้	lórp-bêe
elevador (m)	ลิฟต์	líf
NÃO PERTURBE	ห้ามรบกวน	hâam róp guan
PROIBIDO FUMAR!	หามสูบบุหรี่	hâam sòop bù rèe

132. Livros. Leitura

livro (m)	หนังสือ	năng-sěu
autor (m)	ผู้แตง	phôo dtàeng
escritor (m)	นักเขียน	nák khĭan
escrever (~ um livro)	เขียน	khĭan
leitor (m)	ผู้อ่าน	phôo àan
ler (vt)	อ่าน	àan
leitura (f)	การอาน	gaan àan
para si	อย่างเงียบๆ	yàang ngîap ngîap
em voz alta	ออกเสียงดัง	òrk sĭang dang
publicar (vt)	ตีพิมพ์	dtee phim
publicação (f)	การตีพิมพ์	gaan dtee phim

editor (m)	ผู้พิมพ์	phôo phim
editora (f)	สำนักพิมพ์	săm-nák phim
sair (vi)	ออก	òrk
lançamento (m)	การออก	gaan òrk
tiragem (f)	จำนวน	jam-nuan
livraria (f)	ร้านหนังสือ	ráan năng-sĕu
biblioteca (f)	หองสมุด	hôrng sà-mùt
novela (f)	เรื่องราว	rêuang raao
conto (m)	เรื่องสั้น	rêuang sân
romance (m)	นิยาย	ní-yaai
romance (m) policial	นิยายสืบสวน	ní-yaai sèup sŭan
memórias (f pl)	บันทึกความทรงจำ	ban-théuk khwaam song jam
lenda (f)	ตำนาน	dtam naan
mito (m)	นิทานปรัมปรา	ní-thaan bpram bpraa
poesia (f)	บทกวี	bòt gà-wee
autobiografia (f)	อัตชีวประวัติ	àt-chee-wá-bprà-wàt
obras (f pl) escolhidas	งานที่ผาน การคัดเลือก	ngaan thêe phàan gaan khát lêuak
ficção (f) científica	นิยายวิทยาศาสตร์	ní-yaai wít-thá-yaa sàat
título (m)	ชื่อเรื่อง	chêu rêuang
introdução (f)	บทนำ	bòt nam
folha (f) de rosto	หนาแรก	nâa râek
capítulo (m)	บท	bòt
excerto (m)	ขอความที่ คิดออกมา	khôr khwaam thêe khát òk maa
episódio (m)	ตอน	dtorn
enredo (m)	เค้าเรื่อง	kháo rêuang
conteúdo (m)	เนื้อหา	néua hăa
índice (m)	สารบัญ	săa-rá-ban
protagonista (m)	ตัวละครหลัก	dtua lá-khon làk
volume (m)	เล่ม	lêm
capa (f)	ปก	bpòk
encadernação (f)	สัน	săn
marcador (m) de página	ที่คั่นหนังสือ	thêe khân năng-sĕu
página (f)	หน้า	nâa
folhear (vt)	เปิดผานๆ	bpèrt phàan phàan
margem (f)	ระยะขอบ	rá-yá khòrp
anotação (f)	ความเห็นประกอบ	khwaam hĕn bprà-gòp
nota (f) de rodapé	เชิงอรรถ	cherng àt-tha
texto (m)	บท	bòt
fonte (f)	ตัวพิมพ์	dtua phim
falha (f) de impressão	ความพิมพ์ผิด	khwaam phim phìt
tradução (f)	คำแปล	kham bplae
traduzir (vt)	แปล	bplae

original (m)	ต้นฉบับ	dtôn chà-bàp
famoso (adj)	โด่งดัง	dòhng dang
desconhecido (adj)	ไม่เป็นที่รู้จัก	mâi bpen thêe róo jàk
interessante (adj)	น่าสนใจ	nâa sŏn jai
best-seller (m)	ขายดี	khăai dee

dicionário (m)	พจนานุกรม	phót-jà-naa-nú-grom
livro (m) didático	หนังสือเรียน	năng-sěu rian
enciclopédia (f)	สารานุกรม	săa-raa-nú-grom

133. Caça. Pesca

caça (f)	การล่าสัตว์	gaan lâa sàt
caçar (vi)	ล่าสัตว์	lâa sàt
caçador (m)	นักล่าสัตว์	nák lâa sàt

disparar, atirar (vi)	ยิง	ying
rifle (m)	ปืนไรเฟิล	bpeun rai-fern
cartucho (m)	กระสุนปืน	grà-sǔn bpeun
chumbo (m) de caça	กระสุน	grà-sǔn

armadilha (f)	กับดักเหล็ก	gàp dàk lèk
armadilha (com corda)	กับดัก	gàp dàk
cair na armadilha	ติดกับดัก	dtìt gàp dàk
pôr a armadilha	วางกับดัก	waang gàp dàk

caçador (m) furtivo	ผู้ลักลอบล่าสัตว์	phôo lák lôrp lâa sàt
caça (animais)	สัตว์ที่ถูกล่า	sàt têe thòok lâa
cão (m) de caça	หมาล่าเนื้อ	măa lâa néua
safári (m)	ซาฟารี	saa-faa-ree
animal (m) empalhado	สัตว์สตาฟ	sàt sà-dtàaf

pescador (m)	คนประมง	khon bprà-mong
pesca (f)	การจับปลา	gaan jàp bplaa
pescar (vt)	จับปลา	jàp bplaa

vara (f) de pesca	คันเบ็ด	khan bèt
linha (f) de pesca	สายเบ็ด	săai bèt
anzol (m)	ตะขอ	dtà-khŏr
boia (f), flutuador (m)	ทุ่น	thûn
isca (f)	เหยื่อ	yèua

lançar a linha	เหวี่ยงเบ็ด	wìang bèt
morder (peixe)	งับเหยื่อ	ngáp yèua
pesca (f)	ปลาจุบ	bpla jàp
buraco (m) no gelo	ช่องน้ำแข็ง	chôrng nám khăeng

rede (f)	แหจับปลา	hăe jàp bplaa
barco (m)	เรือ	reua
pescar com rede	จับปลาด้วยแห	jàp bplaa dûay hăe
lançar a rede	เหวี่ยงแห	wìang hăe
puxar a rede	ลากอวน	lâak uan
cair na rede	ติดแห	dtìt hăe
baleeiro (m)	นักล่าปลาวาฬ	nák lâa bplaa waan

baleeira (f)	เรือล่าปลาวาฬ	reua lâa bplaa waan
arpão (m)	ฉมวก	chà-mùak

134. Jogos. Bilhar

bilhar (m)	บิลเลียด	bin-lîat
sala (f) de bilhar	ห้องบิลเลียด	hôrng bin-lîat
bola (f) de bilhar	ลูก	lôok
embolsar uma bola	แทงลูกลงหลุม	thaeng lôok long lŭm
taco (m)	ไม้คิว	máai khiw
caçapa (f)	หลุม	lŭm

135. Jogos. Jogar cartas

ouros (m pl)	ข้าวหลามตัด	khâao lăam dtàt
espadas (f pl)	โพดำ	phoh dam
copas (f pl)	โพแดง	phoh daeng
paus (m pl)	ดอกจิก	dòrk jìk
ás (m)	เอส	àyt
rei (m)	คิง	king
dama (f), rainha (f)	แหมม	màem
valete (m)	แจค	jáek
carta (f) de jogar	ไพ่	phâi
cartas (f pl)	ไพ่	phâi
trunfo (m)	ไต๋	dtăi
baralho (m)	สำรับไพ่	săm-ráp phâi
ponto (m)	แต้ม	dtâem
dar, distribuir (vt)	แจกไพ่	jàek phâi
embaralhar (vt)	สับไพ่	sàp phâi
vez, jogada (f)	ที	thee
trapaceiro (m)	คนโกงไพ่	khon gohng phâi

136. Descanso. Jogos. Diversos

passear (vi)	เดินเล่น	dern lên
passeio (m)	การเดินเลน	gaan dern lên
viagem (f) de carro	การนั่งรถ	gaan nâng rót
aventura (f)	การผจญภัย	gaan phà-jon phai
piquenique (m)	ปิคนิค	bpìk-ník
jogo (m)	เกมุ	gaym
jogador (m)	ผูเลน	phôo lên
partida (f)	เกม	gaym
colecionador (m)	นักสะสม	nák sà-sŏm
colecionar (vt)	สะสม	sà-sŏm

coleção (f)	การสะสม	gaan sà-sǒm
palavras (f pl) cruzadas	ปริศนาอักษรไขว้	bprìt-sà-nǎa àk-sǒn khwâi
hipódromo (m)	ลู่แข่ง	lôo khàeng
discoteca (f)	ดิสโก้	dít-gôh

| sauna (f) | ซาวน่า | saao-nâa |
| loteria (f) | สลากกินแบ่ง | sà-làak gin bàeng |

| campismo (m) | การเดินทาง ตั้งแคมป์ | gaan dern thaang dtâng-khaem |

acampamento (m)	แคมป์	khaem
barraca (f)	เต็นท์	dtáyn
bússola (f)	เข็มทิศ	khěm thít
campista (m)	ผู้เดินทาง ตั้งแคมป์	phôo dern thaang dtâng-khaem

ver (vt), assistir à …	ดู	doo
telespectador (m)	ผู้ชมทีวี	phôo chom thee wee
programa (m) de TV	รายการทีวี	raai gaan thee wee

137. Fotografia

| máquina (f) fotográfica | กล้อง | glôrng |
| foto, fotografia (f) | ภาพถ่าย | phâap thàai |

fotógrafo (m)	ช่างถ่ายภาพ	châang thàai phâap
estúdio (m) fotográfico	ห้องถ่ายภาพ	hôrng thàai phâap
álbum (m) de fotografias	อัลบั้มภาพถ่าย	an-bâm phâap-thàai

lente (f) fotográfica	เลนส์กล้อง	len glôrng
lente (f) teleobjetiva	เลนส์ถ่ายไกล	len thàai glai
filtro (m)	ฟิลเตอร์	fin-dtêr
lente (f)	เลนส์	len

ótica (f)	ออปติก	orp-dtìk
abertura (f)	รูรับแสง	roo ráp sǎeng
exposição (f)	เวลาในการถ่ายภาพ	way-laa nai gaan thàai phâap
visor (m)	เครื่องจับภาพ	khrêuang jàp phâap

câmera (f) digital	กล้องดิจิตอล	glôrng dì-jì-dton
tripé (m)	ขาตั้งกล้อง	khǎa dtâng glông
flash (m)	แฟลช	flâet

fotografar (vt)	ถ่ายภาพ	thàai phâap
tirar fotos	ถ่ายภาพ	thàai phâap
fotografar-se (vr)	ได้รับการ ถ่ายภาพให้	dâai ráp gaan thàai phâap hâi

foco (m)	โฟกัส	foh-gát
focar (vt)	โฟกัส	foh-gát
nítido (adj)	คมชัด	khom chát
nitidez (f)	ความคมชัด	khwaam khom chát
contraste (m)	ความเปรียบต่าง	khwaam bprìap dtàang
contrastante (adj)	เปรียบต่าง	bprìap dtàang

retrato (m)	ภาพ	phâap
negativo (m)	ภาพเนกาทีฟ	phâap nay gaa thêef
filme (m)	ฟิล์ม	fim
fotograma (m)	เฟรม	fraym
imprimir (vt)	พิมพ์	phim

138. Praia. Natação

praia (f)	ชายหาด	chaai hàat
areia (f)	ทราย	saai
deserto (adj)	ร้าง	ráang

bronzeado (m)	ผิวคล้ำแดด	phǐw khlám dàet
bronzear-se (vr)	ตากแดด	dtàak dàet
bronzeado (adj)	มีผิวคล้ำแดด	mee phǐw khlám dàet
protetor (m) solar	ครีมกันแดด	khreem gan dàet

biquíni (m)	บิกินี่	bì-gì-nee
maiô (m)	ชุดว่ายน้ำ	chút wâai náam
calção (m) de banho	กางเกงว่ายน้ำ	gaang-gayng wâai náam

piscina (f)	สระว่ายน้ำ	sà wâai náam
nadar (vi)	ว่ายน้ำ	wâai náam
chuveiro (m), ducha (f)	ฝักบัว	fàk bua
mudar, trocar (vt)	เปลี่ยนชุด	bplìan chút
toalha (f)	ผ้าเช็ดตัว	phâa chét dtua

| barco (m) | เรือ | reua |
| lancha (f) | เรือยนต์ | reua yon |

esqui (m) aquático	สกีน้ำ	sà-gee nám
barco (m) de pedais	เรือถีบ	reua thèep
surf, surfe (m)	การโต้คลื่น	gaan dtôh khlêun
surfista (m)	นักโต้คลื่น	nák dtôh khlêun

equipamento (m) de mergulho	อุปกรณ์ดำน้ำ	u-bpà-gon dam náam
pé (m pl) de pato	ตีนกบ	dteen gòp
máscara (f)	หน้ากากดำน้ำ	nâa gàak dam náam
mergulhador (m)	นักประดาน้ำ	nák bprà-daa náam
mergulhar (vi)	ดำน้ำ	dam náam
debaixo d'água	ใต้น้ำ	dtâi nám

guarda-sol (m)	ร่มชายหาด	rôm chaai hàat
espreguiçadeira (f)	เตียงอาบแดด	dtiang àap dàet
óculos (m pl) de sol	แว่นกันแดด	wâen gan dàet
colchão (m) de ar	ที่นอนเป่าลม	thêe non bpào lom

| brincar (vi) | เล่น | lên |
| ir nadar | ไปว่ายน้ำ | bpai wâai náam |

bola (f) de praia	บอล	bon
encher (vt)	เติมลม	dterm lom
inflável (adj)	แบบเติมลม	bàep dterm lom
onda (f)	คลื่น	khlêun

boia (f)	ทุ่นลอย	thûn loi
afogar-se (vr)	จมน้ำ	jom náam
salvar (vt)	ช่วยชีวิต	chûay chee-wít
colete (m) salva-vidas	เสื้อชูชีพ	sêua choo chêep
observar (vt)	สังเกตการณ์	săng-gàyt gaan
salva-vidas (pessoa)	ไลฟ์การ์ด	lai-gàat

EQUIPAMENTO TÉCNICO. TRANSPORTES

Equipamento técnico. Transportes

139. Computador

computador (m)	คอมพิวเตอร์	khorm-phiw-dtêr
computador (m) portátil	โน้ตบุค	nóht búk
ligar (vt)	เปิด	bpèrt
desligar (vt)	ปิด	bpìt
teclado (m)	แป้นพิมพ์	bpâen phim
tecla (f)	ปุ่ม	bpùm
mouse (m)	เมาส์	mao
tapete (m) para mouse	แผนรองเมาส์	phàen rorng mao
botão (m)	ปุ่ม	bpùm
cursor (m)	เคอร์เซอร์	khêr-sêr
monitor (m)	จอมอนิเตอร์	jor mor-ní-dtêr
tela (f)	หน้าจอ	nâa jor
disco (m) rígido	ฮาร์ดดิสก์	hâat-dìt
capacidade (f) do disco rígido	ความจุฮาร์ดดิสก์	kwaam jù hâat-dìt
memória (f)	หน่วยความจำ	nùay khwaam jam
memória RAM (f)	หน่วยความจำ	nùay khwaam jam
	เขาถึงโดยสุม	khâo thěung doi sùm
arquivo (m)	ไฟล์	fai
pasta (f)	โฟลเดอร์	fohl-dêr
abrir (vt)	เปิด	bpèrt
fechar (vt)	ปิด	bpìt
salvar (vt)	บันทึก	ban-théuk
deletar (vt)	ลบ	lóp
copiar (vt)	คัดลอก	khát lôrk
ordenar (vt)	จัดเรียง	jàt riang
copiar (vt)	ทำสำเนา	tham săm-nao
programa (m)	โปรแกรม	bproh-graem
software (m)	ซอฟต์แวร์	sôf-wae
programador (m)	นักเขียนโปรแกรม	nák khĭan bproh-graem
programar (vt)	เขียนโปรแกรม	khĭan bproh-graem
hacker (m)	แฮ็กเกอร์	háek-gêr
senha (f)	รหัสผาน	rá-hàt phàan
vírus (m)	ไวรัส	wai-rát
detectar (vt)	ตรวจพบ	dtrùat phóp

byte (m)	ไบท์	bai
megabyte (m)	เมกะไบท์	may-gà-bai
dados (m pl)	ข้อมูล	khôr moon
base (f) de dados	ฐานข้อมูล	thăan khôr moon
cabo (m)	สายเคเบิล	săai khay-bêrn
desconectar (vt)	ตัดการเชื่อมต่อ	dtàt gaan chêuam dtòr
conectar (vt)	เชื่อมต่อ	chêuam dtòr

140. Internet. E-mail

internet (f)	อินเทอร์เน็ต	in-thêr-nét
browser (m)	เบราว์เซอร์	brao-sêr
motor (m) de busca	โปรแกรมค้นหา	bproh-graem khón hăa
provedor (m)	ผู้ให้บริการ	phôo hâi bor-rí-gaan
webmaster (m)	เว็บมาสเตอร์	wép-mâat-dtêr
website (m)	เว็บไซต์	wép sai
web page (f)	เว็บเพจ	wép phâyt
endereço (m)	ที่อยู่	thêe yòo
livro (m) de endereços	สมุดที่อยู่	sà-mùt thêe yòo
caixa (f) de correio	กล่องจดหมายอีเมลล์	glòrng jòt măai ee-mayn
correio (m)	จดหมาย	jòt măai
cheia (caixa de correio)	เต็ม	dtem
mensagem (f)	ข้อความ	khôr khwaam
mensagens (f pl) recebidas	ข้อความขาเข้า	khôr khwaam khăa khâo
mensagens (f pl) enviadas	ข้อความขาออก	khôr khwaam khăa òrk
remetente (m)	ผู้ส่ง	phôo sòng
enviar (vt)	ส่ง	sòng
envio (m)	การส่ง	gaan sòng
destinatário (m)	ผู้รับ	phôo ráp
receber (vt)	รับ	ráp
correspondência (f)	การติดต่อกัน ทางจดหมาย	gaan dtìt dtòr gan thaang jòt măai
corresponder-se (vr)	ติดต่อกันทางจดหมาย	dtìt dtòr gan thaang jòt măai
arquivo (m)	ไฟล์	fai
fazer download, baixar (vt)	ดาวน์โหลด	daao lòht
criar (vt)	สร้าง	sâang
deletar (vt)	ลบ	lóp
deletado (adj)	ถูกลบ	thòok lóp
conexão (f)	การเชื่อมต่อ	gaan chêuam dtòr
velocidade (f)	ความเร็ว	khwaam reo
modem (m)	โมเด็ม	moh-dem
acesso (m)	การเข้าถึง	gaan khâo thĕung
porta (f)	พอร์ท	phôt

conexão (f)	การเชื่อมต่อ	gaan chêuam dtòr
conectar (vi)	เชื่อมตอกับ...	chêuam dtòr gàp...
escolher (vt)	เลือก	lêuak
buscar (vt)	คนหา	khón hăa

Transportes

141. Avião

avião (m)	เครื่องบิน	khrêuang bin
passagem (f) aérea	ตั๋วเครื่องบิน	dtŭa khrêuang bin
companhia (f) aérea	สายการบิน	săai gaan bin
aeroporto (m)	สนามบิน	sà-năam bin
supersônico (adj)	ความเร็วเหนือเสียง	khwaam reo nĕua-sĭang
comandante (m) do avião	กัปตัน	gàp dtan
tripulação (f)	ลูกเรือ	lôok reua
piloto (m)	นักบิน	nák bin
aeromoça (f)	พนักงานต้อนรับ	phá-nák ngaan dtôrn ráp
	บนเครื่องบิน	bon khrêuang bin
copiloto (m)	ต้นหน	dtôn hŏn
asas (f pl)	ปีก	bpèek
cauda (f)	หาง	hăang
cabine (f)	ห้องนักบิน	hôrng nák bin
motor (m)	เครื่องยนต์	khrêuang yon
trem (m) de pouso	โครงส่วนล่าง	khrorng sùan lâang
	ของเครื่องบิน	khŏrng khrêuang bin
turbina (f)	กังหัน	gang-hăn
hélice (f)	ใบพัด	bai phát
caixa-preta (f)	กล่องดำ	glòrng dam
coluna (f) de controle	คันบังคับ	khan bang-kháp
combustível (m)	เชื้อเพลิง	chéua phlerng
instruções (f pl) de segurança	คู่มือความปลอดภัย	khôo meu khwaam bplòt phai
máscara (f) de oxigênio	หน้ากากอ็อกซิเจน	nâa gàak ók sí jayn
uniforme (m)	เครื่องแบบ	khrêuang bàep
colete (m) salva-vidas	เสื้อชูชีพ	sêua choo chêep
paraquedas (m)	รมชูชีพ	rôm choo chêep
decolagem (f)	การบินขึ้น	gaan bin khêun
descolar (vi)	บินขึ้น	bin khêun
pista (f) de decolagem	ทางวิ่งเครื่องบิน	thaang wîng khrêuang bin
visibilidade (f)	ทัศนวิสัย	thát sá ná wí-săi
voo (m)	การบิน	gaan bin
altura (f)	ความสูง	khwaam sŏong
poço (m) de ar	หลุมอากาศ	lŭm aa-gàat
assento (m)	ที่นั่ง	thêe nâng
fone (m) de ouvido	หูฟัง	hŏo fang
mesa (f) retrátil	ถาดพับเก็บได้	thàat pháp gèp dâai
janela (f)	หน้าต่างเครื่องบิน	nâa dtàang khrêuang bin
corredor (m)	ทางเดิน	thaang dern

142. Comboio

trem (m)	รถไฟ	rót fai
trem (m) elétrico	รถไฟชานเมือง	rót fai chaan meuang
trem (m)	รถไฟด่วน	rót fai dùan
locomotiva (f) diesel	รถจักรดีเซล	rót jàk dee-sayn
locomotiva (f) a vapor	รถจักรไอน้ำ	rót jàk ai náam
vagão (f) de passageiros	ตู้โดยสาร	dtôo doi săan
vagão-restaurante (m)	ตูเสบียง	dtôo sà-biang
carris (m pl)	รางรถไฟ	raang rót fai
estrada (f) de ferro	ทางรถไฟ	thaang rót fai
travessa (f)	หมอนรองราง	mŏrn rorng raang
plataforma (f)	ชานชลา	chaan-chá-laa
linha (f)	ราง	raang
semáforo (m)	ไฟสัญญาณรถไฟ	fai săn-yaan rót fai
estação (f)	สถานี	sà-thăa-nee
maquinista (m)	คนขับรถไฟ	khon khàp rót fai
bagageiro (m)	พนักงานยกกระเป๋า	phá-nák ngaan yók grà-bpăo
hospedeiro, -a (m, f)	พนักงานรถไฟ	phá-nák ngaan rót fai
passageiro (m)	ผู้โดยสาร	phôo doi săan
revisor (m)	พนักงานตรวจตั๋ว	phá-nák ngaan dtrùat dtŭa
corredor (m)	ทางเดิน	thaang dern
freio (m) de emergência	เบรคฉุกเฉิน	bràyk chùk-chěrn
compartimento (m)	ตู้นอน	dtôo norn
cama (f)	เตียง	dtiang
cama (f) de cima	เตียงบน	dtiang bon
cama (f) de baixo	เตียงล่าง	dtiang lâang
roupa (f) de cama	ชุดเครื่องนอน	chút khrêuang norn
passagem (f)	ตั๋ว	dtŭa
horário (m)	ตารางเวลา	dtaa-raang way-laa
painel (m) de informação	กระดานแสดงข้อมูล	grà daan sà-daeng khôr moon
partir (vt)	ออกเดินทาง	òrk dern thaang
partida (f)	การออกเดินทาง	gaan òrk dern thaang
chegar (vi)	มาถึง	maa thěung
chegada (f)	การมาถึง	gaan maa thěung
chegar de trem	มาถึงโดยรถไฟ	maa thěung doi rót fai
pegar o trem	ขึ้นรถไฟ	khêun rót fai
descer de trem	ลงจากรถไฟ	long jàak rót fai
acidente (m) ferroviário	รถไฟตกราง	rót fai dtòk raang
descarrilar (vi)	ตกราง	dtòk raang
locomotiva (f) a vapor	หัวรถจักรไอน้ำ	hŭa rót jàk ai náam
foguista (m)	คนควบคุมเตาไฟ	khon khûap khum dtao fai
fornalha (f)	เตาไฟ	dtao fai
carvão (m)	ถ่านหิน	thàan hĭn

143. Barco

navio (m)	เรือ	reua
embarcação (f)	เรือ	reua
barco (m) a vapor	เรือจักรไอน้ำ	reua jàk ai náam
barco (m) fluvial	เรือลองแม่น้ำ	reua lông mâe náam
transatlântico (m)	เรือเดินสมุทร	reua dern sà-mùt
cruzeiro (m)	เรือลาดตระเวน	reua lâat dtrà-wayn
iate (m)	เรือยอชต์	reua yôt
rebocador (m)	เรือลากจูง	reua lâak joong
barcaça (f)	เรือบรรทุก	reua ban-thúk
ferry (m)	เรือข้ามฟาก	reua khâam fâak
veleiro (m)	เรือใบ	reua bai
bergantim (m)	เรือใบสองเสากระโดง	reua bai sŏrng săo grà-dohng
quebra-gelo (m)	เรือตัดน้ำแข็ง	reua dtàt náam khăeng
submarino (m)	เรือดำน้ำ	reua dam náam
bote, barco (m)	เรือพาย	reua phaai
baleeira (bote salva-vidas)	เรือบดเล็ก	reua bòt lék
bote (m) salva-vidas	เรือชูชีพ	reua choo chêep
lancha (f)	เรือยนต์	reua yon
capitão (m)	กัปตัน	gàp dtan
marinheiro (m)	นาวิน	naa-win
marujo (m)	คนเรือ	khon reua
tripulação (f)	กะลาสี	gà-laa-sĕe
contramestre (m)	สรั่ง	sà-ràng
grumete (m)	คนช่วยงานในเรือ	khon chûay ngaan nai reua
cozinheiro (m) de bordo	กุก	gúk
médico (m) de bordo	แพทย์เรือ	phâet reua
convés (m)	ดาดฟ้าเรือ	dàat-fáa reua
mastro (m)	เสากระโดงเรือ	săo grà-dohng reua
vela (f)	ใบเรือ	bai reua
porão (m)	ท้องเรือ	thórng-reua
proa (f)	หัวเรือ	hŭa-reua
popa (f)	ท้ายเรือ	tháai reua
remo (m)	ไม้พาย	máai phaai
hélice (f)	ใบจักร	bai jàk
cabine (m)	ห้องพัก	hôrng phák
sala (f) dos oficiais	ห้องอาหาร	hôrng aa-hăan
sala (f) das máquinas	ห้องเครื่องยนต์	hôrng khrêuang yon
ponte (m) de comando	สะพานเดินเรือ	sà-phaan dern reua
sala (f) de comunicações	ห้องวิทยุ	hôrng wít-thá-yú
onda (f)	คลื่นความถี่	khlêun khwaam thèe
diário (m) de bordo	สมุดบันทึก	sà-mùt ban-théuk
luneta (f)	กล้องสองทางไกล	glôrng sòrng thaang glai
sino (m)	ระฆัง	rá-khang

bandeira (f)	ธง	thorng
cabo (m)	เชือก	chêuak
nó (m)	ปม	bpom
corrimão (m)	ราว	raao
prancha (f) de embarque	ไม้พาดให้	mái phâat hâi
	ขึ้นลงเรือ	khêun long reua
âncora (f)	สมอ	sà-mŏr
recolher a âncora	ถอนสมอ	thŏrn sà-mŏr
jogar a âncora	ทอดสมอ	thôrt sà-mŏr
amarra (corrente de âncora)	โซ่สมอเรือ	sôh sà-mŏr reua
porto (m)	ท่าเรือ	thâa reua
cais, amarradouro (m)	ทา	thâa
atracar (vi)	จอดเทียบุท่า	jòt thîap tâa
desatracar (vi)	ออกจากทา	òrk jàak tâa
viagem (f)	การเดินทาง	gaan dern thaang
cruzeiro (m)	การล่องเรือ	gaan lôrng reua
rumo (m)	เส้นทาง	sên thaang
itinerário (m)	เส้นทาง	sên thaang
canal (m) de navegação	ร่องเรือเดิน	rông reua dern
banco (m) de areia	โขด	khòht
encalhar (vt)	เกยตื้น	goie dtêun
tempestade (f)	พายุ	phaa-yú
sinal (m)	สัญญาณ	săn-yaan
afundar-se (vr)	ลม	lôm
Homem ao mar!	คนตกเรือ!	kon dtòk reua
SOS	SOS	es-o-es
boia (f) salva-vidas	หวงยาง	hùang yaang

144. Aeroporto

aeroporto (m)	สนามบิน	sà-năam bin
avião (m)	เครื่องบิน	khrêuang bin
companhia (f) aérea	สายการบิน	săai gaan bin
controlador (m)	เจ้าหน้าที่ควบคุม	jâo nâa-thêe khûap khum
de tráfego aéreo	จราจรทางอากาศ	jà-raa-jon thaang aa-gàat
partida (f)	การออกเดินทาง	gaan òrk dern thaang
chegada (f)	การมาถึง	gaan maa thĕung
chegar (vi)	มาถึง	maa thĕung
hora (f) de partida	เวลาขาไป	way-laa khăa bpai
hora (f) de chegada	เวลามาถึง	way-laa maa thĕung
estar atrasado	ถูกเลื่อน	thòok lêuan
atraso (m) de voo	เลื่อนเที่ยวบิน	lêuan thieow bin
painel (m) de informação	กระดานแสดง	grà daan sà-daeng
	ขอมูล	khŏr moon

informação (f)	ข้อมูล	khôr moon
anunciar (vt)	ประกาศ	bprà-gàat
voo (m)	เที่ยวบิน	thîeow bin
alfândega (f)	ศุลกากร	sŭn-lá-gaa-gon
funcionário (m) da alfândega	เจ้าหน้าที่ศุลกากร	jâo nâa-thêe sŭn-lá-gaa-gon
declaração (f) alfandegária	แบบฟอร์มการเสีย ภาษีศุลกากร	bàep form gaan sĭa phaa-sĕe sŭn-lá-gaa-gon
preencher (vt)	กรอก	gròrk
preencher a declaração	กรอกแบบฟอร์ม การเสียภาษี	gròrk bàep form gaan sĭa paa-sĕe
controle (m) de passaporte	จุดตรวจหนังสือ เดินทาง	jùt dtrùat năng-sĕu dern-thaang
bagagem (f)	สัมภาระ	săm-phaa-rá
bagagem (f) de mão	กระเป๋าถือ	grà-bpăo thĕu
carrinho (m)	รถขนสัมภาระ	rót khŏn săm-phaa-rá
pouso (m)	การลงจอด	gaan long jòrt
pista (f) de pouso	ลานบินลงจอด	laan bin long jòrt
aterrissar (vi)	ลงจอด	long jòrt
escada (f) de avião	ทางขึ้นลง เครื่องบิน	thaang khêun long khrêuang bin
check-in (m)	การเช็คอิน	gaan chék in
balcão (m) do check-in	เคาน์เตอร์เช็คอิน	khao-dtêr chék in
fazer o check-in	เช็คอิน	chék in
cartão (m) de embarque	บัตรที่นั่ง	bàt thêe nâng
portão (m) de embarque	ชองเขา	chôrng khào
trânsito (m)	การต่อเที่ยวบิน	gaan tòr thîeow bin
esperar (vi, vt)	รอ	ror
sala (f) de espera	ห้องผู้โดยสารขาออก	hôrng phôo doi săan khăa òk
despedir-se (acompanhar)	ไปสง	bpai sòng
despedir-se (dizer adeus)	บอกลา	bòrk laa

145. Bicicleta. Motocicleta

bicicleta (f)	รถจักรยาน	rót jàk-grà-yaan
lambreta (f)	สกูตเตอร์	sà-góot-dtêr
moto (f)	รถมอเตอร์ไซค์	rót mor-dtêr-sai
ir de bicicleta	ขี่จักรยาน	khèe jàk-grà-yaan
guidão (m)	พวงมาลัยรถ	phuang maa-lai rót
pedal (m)	แป้นเหยียบ	bpâen yìap
freios (m pl)	เบรก	bràyk
banco, selim (m)	ที่นั่งจักรยาน	thêe nâng jàk-grà-yaan
bomba (f)	ปั๊ม	bpám
bagageiro (m) de teto	ที่วางสัมภาระ	thêe waang săm-phaa-rá
lanterna (f)	ไฟหน้า	fai nâa
capacete (m)	หมวกนิรภัย	mùak ní-rá-phai
roda (f)	ล้อ	lór

para-choque (m)	บังโคลน	bang khlon
aro (m)	ขอบล้อ	khòp lór
raio (m)	กานล้อ	gâan lór

Carros

146. Tipos de carros

carro, automóvel (m)	รถยนต์	rót yon
carro (m) esportivo	รถสปอร์ต	rót sà-bpòt
limusine (f)	รถลีมูซีน	rót lee moo seen
todo o terreno (m)	รถเอสยูวี	rót àyt yoo wee
conversível (m)	รถยนต์เปิดประทุน	rót yon bpèrt bprà-thun
minibus (m)	รถบัสเล็ก	rót bàt lék
ambulância (f)	รถพยาบาล	rót phá-yaa-baan
limpa-neve (m)	รถไถหิมะ	rót thăi hì-má
caminhão (m)	รถบรรทุก	rót ban-thúk
caminhão-tanque (m)	รถบรรทุกน้ำมัน	rót ban-thúk nám man
perua, van (f)	รถตู้	rót dtôo
caminhão-trator (m)	รถลาก	rót lâak
reboque (m)	รถพ่วง	rót phûang
confortável (adj)	สะดวก	sà-dùak
usado (adj)	มือสอง	meu sŏrng

147. Carros. Carroçaria

capô (m)	กระโปรงรถ	grà bprohng rót
para-choque (m)	บังโคลน	bang khlon
teto (m)	หลังคา	lăng khaa
para-brisa (m)	กระจกหน้ารถ	grà-jòk nâa rót
retrovisor (m)	กระจกมองหลัง	grà-jòk morng lăng
esguicho (m)	ที่ฉีดน้ำลวง	thêe chèet nám
	กระจกหน้ารถ	láang grà-jòk nâa rót
limpadores (m) de para-brisas	ที่ปัดล้างกระจก	thêe bpàt láang grà-jòk
	หน้ารถ	nâa rót
vidro (m) lateral	กระจกข้าง	grà-jòk khâang
elevador (m) do vidro	กระจกไฟฟ้า	grà-jòk fai-fáa
antena (f)	เสาอากาศ	săo aa-gàat
teto (m) solar	หลังคารับแดด	lăng khaa ráp dàet
para-choque (m)	กันชน	gan chon
porta-malas (f)	ท้ายรถ	tháai rót
bagageira (f)	ชั้นวางสัมภาระ	chán waang săm-phaa-rá
porta (f)	ประตู	bprà-dtoo
maçaneta (f)	ที่เปิดประตู	thêe bpèrt bprà-dtoo
fechadura (f)	ล็อคประตูรถ	lók bprà-dtoo rót

placa (f)	ป้ายทะเบียน	bpâai thá-bian
silenciador (m)	ท่อไอเสีย	thôr ai sĩa
tanque (m) de gasolina	ถังน้ำมัน	thăng náam man
tubo (m) de exaustão	ท่อไอเสีย	thôr ai sĩa
acelerador (m)	เร่ง	râyng
pedal (m)	แป้นเหยียบ	bpâen yìap
pedal (m) do acelerador	คันเร่ง	khan râyng
freio (m)	เบรก	bràyk
pedal (m) do freio	แป้นเบรค	bpâen bràyk
frear (vt)	เบรก	bràyk
freio (m) de mão	เบรกมือ	bràyk meu
embreagem (f)	คลัตช์	khlát
pedal (m) da embreagem	แป้นคลัตช์	bpâen khlát
disco (m) de embreagem	จานคลัตช์	jaan khlát
amortecedor (m)	โชคอัพ	chóhk-àp
roda (f)	ล้อ	lór
pneu (m) estepe	ลอสำรอง	lór săm-rorng
pneu (m)	ยางรถ	yaang rót
calota (f)	ลอแม็ก	lór-máek
rodas (f pl) motrizes	ล้อพวงมาลัย	lór phuang maa-lai
de tração dianteira	ขับเคลื่อนล้อหน้า	khàp khlêuan lór nâa
de tração traseira	ขับเคลื่อนล้อหลัง	khàp khlêuan lór lăng
de tração às 4 rodas	ขับเคลื่อนสี่ล้อ	khàp khlêuan sèe lór
caixa (f) de mudanças	กระปุกเกียร์	grà-bpùk gia
automático (adj)	อัตโนมัติ	àt-noh-mát
mecânico (adj)	กลไก	gon-gai
alavanca (f) de câmbio	คันเกียร์	khan gia
farol (m)	ไฟหน้า	fai nâa
faróis (m pl)	ไฟหน้า	fai nâa
farol (m) baixo	ไฟต่ำ	fai dtàm
farol (m) alto	ไฟสูง	fai sŏong
luzes (f pl) de parada	ไฟเบรก	fai bràyk
luzes (f pl) de posição	ไฟจอดรถ	fai jòt rót
luzes (f pl) de emergência	ไฟฉุกเฉิน	fai chùk-chĕrn
faróis (m pl) de neblina	ไฟตัดหมอก	fai dtàt mòk
pisca-pisca (m)	ไฟเลี้ยว	fai líeow
luz (f) de marcha ré	ไฟรถถอย	fai rót thŏi

148. Carros. Habitáculo

interior (do carro)	ภายในรถ	phaai nai rót
de couro	หนัง	năng
de veludo	กำมะหยี่	gam-má-yèe
estofamento (m)	เครื่องเบาะ	khrêuang bòr
indicador (m)	อุปกรณ์	ù-bpà-gon

painel (m)	แผงหน้าปัด	phǎeng nâa bpàt
velocímetro (m)	มาตรวัดความเร็ว	mâat wát khwaam reo
ponteiro (m)	เข็มชี้วัด	khěm chée wát
hodômetro, odômetro (m)	มิเตอร์วัดระยะทาง	mí-dtêr wát rá-yá thaang
indicador (m)	มิเตอร์วัด	mí-dtêr wát
nível (m)	ระดับ	rá-dàp
luz (f) de aviso	ไฟเตือน	fai dteuan
volante (m)	พวงมาลัยรถ	phuang maa-lai rót
buzina (f)	แตร	dtrae
botão (m)	ปุ่ม	bpùm
interruptor (m)	สวิตช์	sà-wít
assento (m)	ที่นั่ง	thêe nâng
costas (f pl) do assento	พนักพิง	phá-nák phing
cabeceira (f)	ที่พิงศีรษะ	thêe phing sěe-sà
cinto (m) de segurança	เข็มขัดนิรภัย	khěm khàt ní-rá-phai
apertar o cinto	คาดเข็มขัดนิรภัย	khâat khěm khàt ní-rá-phai
ajuste (m)	การปรับ	gaan bpràp
airbag (m)	ถุงลมนิรภัย	thǔng lom ní-rá-phai
ar (m) condicionado	เครื่องปรับอากาศ	khrêuang bpràp-aa-gàat
rádio (m)	วิทยุ	wít-thá-yú
leitor (m) de CD	เครื่องเล่น CD	khrêuang lên see-dee
ligar (vt)	เปิด	bpèrt
antena (f)	เสาอากาศ	sǎo aa-gàat
porta-luvas (m)	ช่องเก็บของ	chôrng gèp khǒrng
	ข้างคนขับ	khâang khon khàp
cinzeiro (m)	ที่เขี่ยบุหรี่	thêe khìa bù rèe

149. Carros. Motor

motor (m)	เครื่องยนต์	khrêuang yon
motor (m)	มอเตอร์	mor-dtêr
a diesel	ดีเซล	dee-sayn
a gasolina	น้ำมันเบนซิน	nám man bayn-sin
cilindrada (f)	ขนาดเครื่องยนต์	khà-nàat khrêuang yon
potência (f)	กำลัง	gam-lang
cavalo (m) de potência	แรงม้า	raeng máa
pistão (m)	กานลูกสูบ	gâan lôok sòop
cilindro (m)	กระบอกสูบ	grà-bòrk sòop
válvula (f)	วาลว	waao
injetor (m)	หัวฉีด	hǔa chèet
gerador (m)	เครื่องกำเนิดไฟฟ้า	khrêuang gam-nèrt fai fáa
carburador (m)	คาร์บูเรเตอร์	khaa-boo-ray-dtêr
óleo (m) de motor	น้ำมันเครื่อง	nám man khrêuang
radiador (m)	หม้อน้ำ	môr náam
líquido (m) de arrefecimento	สารทำความเย็น	sǎan tham khwaam yen
ventilador (m)	พัดลมระบายความร้อน	phát lom rá-baai khwaam rón

bateria (f)	แบตเตอรี่	bàet-dter-rêe
dispositivo (m) de arranque	มอเตอร์สตาร์ต	mor-dtêr sà-dtàat
ignição (f)	การจุดระเบิด	gaan jùt rá-bèrt
vela (f) de ignição	หัวเทียน	hŭa thian
terminal (m)	ขั้วแบตเตอรี่	khûa bàet-dter-rêe
terminal (m) positivo	ขั้วบวก	khûa bùak
terminal (m) negativo	ขั้วลบ	khûa lóp
fusível (m)	ฟิวส์	fiw
filtro (m) de ar	เครื่องกรองอากาศ	khrêuang grorng aa-gàat
filtro (m) de óleo	ไส้กรองน้ำมัน	sâi grorng nám man
filtro (m) de combustível	ไส้กรองน้ำมัน เชื้อเพลิง	sâi grorng nám man chéua phlerng

150. Carros. Batidas. Reparação

acidente (m) de carro	อุบัติเหตุรถชน	u-bàt hàyt rót chon
acidente (m) rodoviário	อุบัติเหตุจราจร	u-bàt hàyt jà-raa-jon
bater (~ num muro)	ชน	chon
sofrer um acidente	ชนโครม	chon khrohm
dano (m)	ความเสียหาย	khwaam sĭa hăai
intato	ไม่มีความเสียหาย	mâi mee khwaam sĭa hăai
pane (f)	การเสีย	gaan sĭa
avariar (vi)	ตาย	dtaai
cabo (m) de reboque	เชือกลากรถยนต์	chêuak lâak rót yon
furo (m)	ยางรั่ว	yaang rûa
estar furado	ทำให้ยางแบน	tham hâi yaang baen
encher (vt)	เติมลมยาง	dterm lom yaang
pressão (f)	แรงดัน	raeng dan
verificar (vt)	ตรวจสอบ	dtrùat sòrp
reparo (m)	การซ่อม	gaan sôrm
oficina (f) automotiva	ร้านซ่อมรถยนต์	ráan sôrm rót yon
peça (f) de reposição	อะไหล่	a lài
peça (f)	ชิ้นส่วน	chín sùan
parafuso (com porca)	สลักเกลียว	sà-làk glieow
parafuso (m)	สกรู	sà-groo
porca (f)	แหวนสกรู	wăen sà-groo
arruela (f)	แหวนเล็ก	wăen lék
rolamento (m)	แบริง	bae-ring
tubo (m)	ท่อ	thôr
junta, gaxeta (f)	ปะเก็น	bpà gen
fio, cabo (m)	สายไฟ	săai fai
macaco (m)	แม่แรง	mâe raeng
chave (f) de boca	ประแจ	bprà-jae
martelo (m)	ค้อน	khórn
bomba (f)	ปั๊ม	bpám
chave (f) de fenda	ไขควง	khăi khuang

extintor (m)	ถังดับเพลิง	thăng dàp phlerng
triângulo (m) de emergência	ป้ายเตือน	bpâai dteuan
morrer (motor)	มีเครื่องดับ	mee khrêuang dàp
paragem, "morte" (f)	การดับ	gaan dàp
estar quebrado	เสีย	sĭa
superaquecer-se (vr)	ร้อนเกิน	rórn gern
entupir-se (vr)	อุดตัน	ùt dtan
congelar-se (vr)	เยือกแข็ง	yêuak khăeng
rebentar (vi)	แตก	dtàek
pressão (f)	แรงดัน	raeng dan
nível (m)	ระดับ	rá-dàp
frouxo (adj)	อ่อน	òrn
batida (f)	รอยบุบ	roi bùp
ruído (m)	เสียงเครื่องยนต์ดับ	sĭang khrêuang yon dàp
fissura (f)	รอยแตก	roi dtàek
arranhão (m)	รอยขูด	roi khòot

151. Carros. Estrada

estrada (f)	ถนน	thà-nŏn
autoestrada (f)	ทางหลวง	thaang lŭang
rodovia (f)	ทางด่วน	thaang dùan
direção (f)	ทิศทาง	thít thaang
distância (f)	ระยะทาง	rá-yá thaang
ponte (f)	สะพาน	sà-phaan
parque (m) de estacionamento	ลานจอดรถ	laan jòrt rót
praça (f)	จัตุรัส	jàt-dtù-ràt
nó (m) rodoviário	ทางแยกต่างระดับ	thaang yâek dtàang rá-dàp
túnel (m)	อุโมงค์	u-mohng
posto (m) de gasolina	ปั๊มน้ำมัน	bpám náam man
parque (m) de estacionamento	ลานจอดรถ	laan jòrt rót
bomba (f) de gasolina	ที่เติมน้ำมัน	thêe dterm náam man
oficina (f) automotiva	ร้านซ่อมรถยนต์	ráan sôrm rót yon
abastecer (vt)	เติมน้ำมัน	dterm náam man
combustível (m)	น้ำมันเชื้อเพลิง	nám man chéua phlerng
galão (m) de gasolina	ถังน้ำมัน	thăng náam man
asfalto (m)	ถนนลาดยาง	thà-nŏn lâat yaang
marcação (f) de estradas	เครื่องหมายจราจร บนพื้นทาง	khrêuang măai jà-raa-jon bon phéun thaang
meio-fio (m)	ขอบถนน	khòrp thà-nŏn
guard-rail (m)	รั้วกัน	rúa gân
valeta (f)	คู	khoo
acostamento (m)	ข้างถนน	khâang thà-nŏn
poste (m) de luz	เสาไฟ	săo fai
dirigir (vt)	ขับ	khàp
virar (~ para a direita)	เลี้ยว	líeow

| dar retorno | กลับรถ | glàp rót |
| ré (f) | ถอยรถ | thŏri rót |

buzinar (vi)	บีบแตร	bèep dtrae
buzina (f)	เสียงบีบแตร	sĭang bèep dtrae
atolar-se (vr)	ติด	dtìt
patinar (na lama)	หมุนล้อ	mŭn lór
desligar (vt)	ปิด	bpìt

velocidade (f)	ความเร็ว	khwaam reo
exceder a velocidade	ขับเร็วเกิน	khàp reo gern
multar (vt)	ให้ใบสั่ง	hâi bai sàng
semáforo (m)	ไฟสัญญาณจราจร	fai săn-yaan jà-raa-jon
carteira (f) de motorista	ใบขับขี่	bai khàp khèe

passagem (f) de nível	ทางข้ามรถไฟ	thaang khâam rót fai
cruzamento (m)	สี่แยก	sèe yâek
faixa (f)	ทางมูลาย	thaang máa laai
curva (f)	ทางโค้ง	thaang khóhng
zona (f) de pedestres	ถนนคนเดิน	thà-nŏn khon dern

PESSOAS. EVENTOS

Eventos

152. Férias. Evento

festa (f)	วันหยุดเฉลิมฉลอง	wan yùt chà-lĕrm chà-lŏng
feriado (m) nacional	วันชาติ	wan châat
feriado (m)	วันหยุดนักขัตฤกษ์	wan yùt nák-kàt-rêrk
festejar (vt)	เฉลิมฉลอง	chà-lĕrm chà-lŏrng
evento (festa, etc.)	เหตุการณ์	hàyt gaan
evento (banquete, etc.)	งานอีเวนต์	ngaan ee wayn
banquete (m)	งานเลี้ยง	ngaan líang
recepção (f)	งานเลี้ยง	ngaan líang
festim (m)	งานฉลอง	ngaan chà-lŏrng
aniversário (m)	วันครบรอบ	wan khróp rôrp
jubileu (m)	วันครบรอบปี	wan khróp rôrp bpee
celebrar (vt)	ฉลอง	chà-lŏrng
Ano (m) Novo	ปีใหม่	bpee mài
Feliz Ano Novo!	สวัสดีปีใหม่!	sà-wàt-dee bpee mài
Papai Noel (m)	ซานตาคลอส	saan-dtaa-khlôrt
Natal (m)	คริสต์มาส	khrít-mâat
Feliz Natal!	สุขสันต์วันคริสต์มาส	sùk-săn wan khrít-mâat
árvore (f) de Natal	ตนคริสตูตมาส	dtôn khrít-mâat
fogos (m pl) de artifício	ดอกไม้ไฟ	dòrk máai fai
casamento (m)	งานแต่งงาน	ngaan dtàeng ngaan
noivo (m)	เจ้าบ่าว	jâo bàao
noiva (f)	เจ้าสาว	jâo săao
convidar (vt)	เชิญ	chern
convite (m)	บัตรเชิญ	bàt chern
convidado (m)	แขก	khàek
visitar (vt)	ไปเยี่ยม	bpai yîam
receber os convidados	ต้อนรับแขก	dton ráp khàek
presente (m)	ของขวัญ	khŏrng khwăn
oferecer, dar (vt)	ให้	hâi
receber presentes	รับของขวัญ	ráp khŏrng khwăn
buquê (m) de flores	ช่อดอกไม้	chôr dòrk máai
felicitações (f pl)	คำแสดง ความยินดี	kham sà-daeng khwaam yin-dee
felicitar (vt)	แสดงความยินดี	sà-daeng khwaam yin dee

cartão (m) de parabéns	บัตรอวยพร	bàt uay phon
enviar um cartão postal	ส่งโปสการ์ด	sòng bpòht-gàat
receber um cartão postal	รับโปสการ์ด	ráp bpòht-gàat
brinde (m)	ดื่มอวยพร	dèum uay phon
oferecer (vt)	เลี้ยงเครื่องดื่ม	líang khrêuang dèum
champanhe (m)	แชมเปญ	chaem-bpayn
divertir-se (vr)	มีความสุข	mee khwaam sùk
diversão (f)	ความรื่นเริง	khwaam rêun-rerng
alegria (f)	ความสุขสันต์	khwaam sùk-săn
dança (f)	การเต้น	gaan dtên
dançar (vi)	เต้น	dtên
valsa (f)	วอลทซ์	wɔːlts
tango (m)	แทงโก	thaeng-gôh

153. Funerais. Enterro

cemitério (m)	สุสาน	sù-săan
sepultura (f), túmulo (m)	หลุมศพ	lŭm sòp
cruz (f)	ไม้กางเขน	mái gaang khăyn
lápide (f)	ป้ายหลุมศพ	bpâai lŭm sòp
cerca (f)	รั้ว	rúa
capela (f)	โรงสวด	rohng sùat
morte (f)	ความตาย	khwaam dtaai
morrer (vi)	ตาย	dtaai
defunto (m)	ผู้เสียชีวิต	phôo sĭa chee-wít
luto (m)	การไว้อาลัย	gaan wái aa-lai
enterrar, sepultar (vt)	ฝังศพ	făng sòp
funerária (f)	บริษัทรับจัดงานศพ	bor-rí-sàt ráp jàt ngaan sòp
funeral (m)	งานศพ	ngaan sòp
coroa (f) de flores	พวงหรีด	phuang rèet
caixão (m)	โลงศพ	lohng sòp
carro (m) funerário	รถขนศพ	rót khŏn sòp
mortalha (f)	ผ้าห่อศพ	phâa hòr sòp
procissão (f) funerária	พิธีศพ	phí-tee sòp
urna (f) funerária	โกศ	gòht
crematório (m)	เมรุ	mayn
obituário (m), necrologia (f)	ข่าวมรณกรรม	khàao mor-rá-ná-gam
chorar (vi)	ร้องไห้	rórng hâi
soluçar (vi)	สะอื้น	sà-êun

154. Guerra. Soldados

pelotão (m)	หมวด	mùat
companhia (f)	กองร้อย	gorng rói

regimento (m)	กรม	grom
exército (m)	กองทัพ	gorng tháp
divisão (f)	กองพล	gorng phon-la
esquadrão (m)	หมู่	mòo
hoste (f)	กองทัพ	gorng tháp
soldado (m)	ทหาร	thá-hăan
oficial (m)	นายทหาร	naai thá-hăan
soldado (m) raso	พลทหาร	phon-thá-hăan
sargento (m)	สิบเอก	sìp àyk
tenente (m)	ร้อยโท	rói thoh
capitão (m)	ร้อยเอก	rói àyk
major (m)	พลตรี	phon-dtree
coronel (m)	พันเอก	phan àyk
general (m)	นายพล	naai phon
marujo (m)	กะลาสี	gà-laa-sĕe
capitão (m)	กัปตัน	gàp dtan
contramestre (m)	สรั่งเรือ	sà-ràng reua
artilheiro (m)	ทหารปืนใหญ่	thá-hăan bpeun yài
soldado (m) paraquedista	พลรม	phon-rôm
piloto (m)	นักบิน	nák bin
navegador (m)	ต้นหน	dtôn hŏn
mecânico (m)	ช่างเครื่อง	châang khrêuang
sapador-mineiro (m)	ทหารช่าง	thá-hăan châang
paraquedista (m)	ทหารราบอากาศ	thá-hăan râap aa-gàat
explorador (m)	ทหารพราน	thá-hăan phraan
atirador (m) de tocaia	พลซุ่มยิง	phon sûm ying
patrulha (f)	หน่วยลาดตระเวน	nùay lâat dtrà-wayn
patrulhar (vt)	ลาดตระเวน	lâat dtrà-wayn
sentinela (f)	ทหารยาม	tá-hăan yaam
guerreiro (m)	นักรบ	nák róp
patriota (m)	ผู้รักชาติ	phôo rák châat
herói (m)	วีรบุรุษ	wee-rá-bù-rùt
heroína (f)	วีรสตรี	wee rá-sot dtree
traidor (m)	ผู้ทรยศ	phôo thor-rá-yót
trair (vt)	ทรยศ	thor-rá-yót
desertor (m)	ทหารหนีทัพ	thá-hăan nĕe tháp
desertar (vt)	หนีทัพ	nĕe tháp
mercenário (m)	ทหารรับจ้าง	thá-hăan ráp jâang
recruta (m)	เกณฑ์ทหาร	gayn thá-hăan
voluntário (m)	อาสาสมัคร	aa-săa sà-màk
morto (m)	คนถูกฆ่า	khon thòok khâa
ferido (m)	ผู้ได้รับบาดเจ็บ	phôo dâai ráp bàat jèp
prisioneiro (m) de guerra	เชลยศึก	chá-loie sèuk

155. Guerra. Ações militares. Parte 1

guerra (f)	สงคราม	sŏng-khraam
guerrear (vt)	ทำสงคราม	tham sŏng-khraam
guerra (f) civil	สงครามกลางเมือง	sŏng-khraam glaang-meuang
perfidamente	ตลบตะแลง	dtà-lòp-dtà-laeng
declaração (f) de guerra	การประกาศสงคราม	gaan bprà-gàat sŏng-khraam
declarar guerra	ประกาศสงคราม	bprà-gàat sŏng-khraam
agressão (f)	การรุกราน	gaan rúk-raan
atacar (vt)	บุกรุก	bùk rúk
invadir (vt)	บุกรุก	bùk rúk
invasor (m)	ผู้บุกรุก	phôo bùk rúk
conquistador (m)	ผู้ยึดครอง	phôo yéut khrorng
defesa (f)	การป้องกัน	gaan bpôrng gan
defender (vt)	ปกป้อง	bpòk bpôrng
defender-se (vr)	ป้องกัน	bpôrng gan
inimigo (m)	ศัตรู	sàt-dtroo
adversário (m)	ขาศึก	khâa sèuk
inimigo (adj)	ศัตรู	sàt-dtroo
estratégia (f)	ยุทธศาสตร์	yút-thá-sàat
tática (f)	ยุทธวิธี	yút-thá-wí-thee
ordem (f)	คำสั่ง	kham sàng
comando (m)	คำบัญชาการ	kham ban-chaa gaan
ordenar (vt)	สั่ง	sàng
missão (f)	ภารกิจ	phaa-rá-gìt
secreto (adj)	อย่างลับ	yàang láp
batalha (f), combate (m)	การรบ	gaan róp
ataque (m)	การจู่โจม	gaan jòo johm
assalto (m)	การเข้าจู่โจม	gaan khâo jòo johm
assaltar (vt)	บุกจู่โจม	bùk jòo johm
assédio, sítio (m)	การโอบล้อมโจมตี	gaan òhp lóm johm dtee
ofensiva (f)	การโจมตี	gaan johm dtee
tomar à ofensiva	โจมตี	johm dtee
retirada (f)	การถอย	gaan thŏi
retirar-se (vr)	ถอย	thŏi
cerco (m)	การปิดล้อม	gaan bpìt lórm
cercar (vt)	ปิดล้อม	bpìt lórm
bombardeio (m)	การทิ้งระเบิด	gaan thíng rá-bèrt
lançar uma bomba	ทิ้งระเบิด	thíng rá-bèrt
bombardear (vt)	ทิ้งระเบิด	thíng rá-bèrt
explosão (f)	การระเบิด	gaan rá-bèrt
tiro (m)	การยิง	gaan ying
dar um tiro	ยิง	ying

tiroteio (m)	การยิง	gaan ying
apontar para ...	เล็ง	leng
apontar (vt)	ชี้	chée
acertar (vt)	ถูกเป้าหมาย	thòok bpâo măai
afundar (~ um navio, etc.)	จม	jom
brecha (f)	รู	roo
afundar-se (vr)	จม	jom
frente (m)	แนวหน้า	naew nâa
evacuação (f)	การอพยพ	gaan òp-phá-yóp
evacuar (vt)	อพยพ	òp-phá-yóp
trincheira (f)	สนามเพลาะ	sà-năam phlór
arame (m) enfarpado	ลวดหนาม	lûat năam
barreira (f) anti-tanque	สิ่งกีดขวาง	sìng gèet-khwăang
torre (f) de vigia	หอสังเกตการณ์	hŏr săng-gàyt gaan
hospital (m) militar	โรงพยาบาล ทหาร	rohng phá-yaa-baan thá-hăan
ferir (vt)	ทำให้บาดเจ็บ	tham hâi bàat jèp
ferida (f)	แผล	phlăe
ferido (m)	ผู้ได้รับบาดเจ็บ	phôo dâai ráp bàat jèp
ficar ferido	ได้รับบาดเจ็บ	dâai ráp bàat jèp
grave (ferida ~)	รายแรง	ráai raeng

156. Armas

arma (f)	อาวุธ	aa-wút
arma (f) de fogo	อาวุธปืน	aa-wút bpeun
arma (f) branca	อาวุธเย็น	aa-wút yen
arma (f) química	อาวุธเคมี	aa-wút khay-mee
nuclear (adj)	นิวเคลียร์	niw-khlia
arma (f) nuclear	อาวุธนิวเคลียร์	aa-wút niw-khlia
bomba (f)	ลูกระเบิด	lôok rá-bèrt
bomba (f) atômica	ลูกระเบิดปรมาณู	lôok rá-bèrt bpà-rá-maa-noo
pistola (f)	ปืนพก	bpeun phók
rifle (m)	ปืนไรเฟิล	bpeun rai-fern
semi-automática (f)	ปืนกลมือ	bpeun gon meu
metralhadora (f)	ปืนกล	bpeun gon
boca (f)	ปากประบอกปืน	bpàak bprà bòrk bpeun
cano (m)	ลำกลอง	lam glôrng
calibre (m)	ขนาดลำกล้อง	khà-nàat lam glôrng
gatilho (m)	ไกปืน	gai bpeun
mira (f)	ศูนย์เล็ง	sŏon leng
carregador (m)	แม็กกาซีน	máek-gaa-seen
coronha (f)	พานท้ายปืน	phaan tháai bpeun
granada (f) de mão	ระเบิดมือ	rá-bèrt meu
explosivo (m)	วัตถุระเบิด	wát-thù rá-bèrt

bala (f)	ลูกกระสุน	lôok grà-sǔn
cartucho (m)	ตลับกระสุน	dtà-làp grà-sǔn
carga (f)	กระสุน	grà-sǔn
munições (f pl)	อาวุธยุทธภัณฑ์	aa-wút yút-thá-phan
bombardeiro (m)	เครื่องบินทิ้งระเบิด	khrêuang bin thíng rá-bèrt
avião (m) de caça	เครื่องบินขับไล่	khrêuang bin khàp lâi
helicóptero (m)	เฮลิคอปเตอร์	hay-lí-khôrp-dtêr
canhão (m) antiaéreo	ปืนต่อสู้	bpeun dtòr sôo
	อากาศยาน	aa-gàat-sà-yaan
tanque (m)	รถถัง	rót thǎng
canhão (de um tanque)	ปืนรถถัง	bpeun rót thǎng
artilharia (f)	ปืนใหญ่	bpeun yài
canhão (m)	ปืน	bpeun
fazer a pontaria	เล็งเป้าปืน	leng bpâo bpeun
projétil (m)	กระสุน	grà-sǔn
granada (f) de morteiro	กระสุนปืนครก	grà-sǔn bpeun khrók
morteiro (m)	ปืนครก	bpeun khrók
estilhaço (m)	สะเก็ดระเบิด	sà-gèt rá-bèrt
submarino (m)	เรือดำน้ำ	reua dam náam
torpedo (m)	ตอร์ปิโด	dtor-bpì-doh
míssil (m)	ขีปนาวุธ	khěe-bpà-naa-wút
carregar (uma arma)	ใส่กระสุน	sài grà-sǔn
disparar, atirar (vi)	ยิง	ying
apontar para ...	เล็ง	leng
baioneta (f)	ดาบปลายปืน	dàap bplaai bpeun
espada (f)	เรเปียร์	ray-bpia
sabre (m)	ดาบโค้ง	dàap khóhng
lança (f)	หอก	hòrk
arco (m)	ธนู	thá-noo
flecha (f)	ลูกธนู	lôok-thá-noo
mosquete (m)	ปืนคาบศิลา	bpeun khâap sì-laa
besta (f)	หน้าไม้	nâa máai

157. Povos da antiguidade

primitivo (adj)	แบบดั้งเดิม	bàep dâng derm
pré-histórico (adj)	ยุคก่อนประวัติศาสตร์	yúk gòn bprà-wàt sàat
antigo (adj)	โบราณ	boh-raan
Idade (f) da Pedra	ยุคหิน	yúk hǐn
Idade (f) do Bronze	ยุคสำริด	yúk sǎm-rít
Era (f) do Gelo	ยุคน้ำแข็ง	yúk nám khǎeng
tribo (f)	เผ่า	phào
canibal (m)	ผู้ที่กินเนื้อคน	phôo thêe gin néua khon
caçador (m)	นักล่าสัตว์	nák lâa sàt
caçar (vi)	ล่าสัตว์	lâa sàt

mamute (m)	ช้างแมมมอธ	cháang-maem-môt
caverna (f)	ถ้ำ	thâm
fogo (m)	ไฟ	fai
fogueira (f)	กองไฟ	gorng fai
pintura (f) rupestre	ภาพวาดในถ้ำ	phâap-wâat nai thâm
ferramenta (f)	เครื่องมือ	khrêuang meu
lança (f)	หอก	hòrk
machado (m) de pedra	ขวานหิน	khwǎan hǐn
guerrear (vt)	ทำสงคราม	tham sǒng-khraam
domesticar (vt)	เชื่อง	chêuang
ídolo (m)	เทวรูป	theu-rôop
adorar, venerar (vt)	บูชา	boo-chaa
superstição (f)	ความเชื่องมงาย	khwaam chêua ngom-ngaai
ritual (m)	พิธีกรรม	phí-thee gam
evolução (f)	วิวัฒนาการ	wí-wát-thá-naa-gaan
desenvolvimento (m)	การพัฒนา	gaan phát-thá-naa
extinção (f)	การสูญพันธุ์	gaan sǒon phan
adaptar-se (vr)	ปรับตัว	bpràp dtua
arqueologia (f)	โบราณคดี	boh-raan khá-dee
arqueólogo (m)	นักโบราณคดี	nák boh-raan-ná-khá-dee
arqueológico (adj)	ทางโบราณคดี	thaang boh-raan khá-dee
escavação (sítio)	แหล่งขุดค้น	làeng khùt khón
escavações (f pl)	การขุดค้น	gaan khùt khón
achado (m)	สิ่งที่ค้นพบ	sìng thêe khón phóp
fragmento (m)	เศษชิ้นส่วน	sàyt chín sùan

158. Idade média

povo (m)	ชาติพันธุ์	châat-dtì-phan
povos (m pl)	ชุติพันธุ	châat-dtì-phan
tribo (f)	เผ่า	phào
tribos (f pl)	เผ่า	phào
bárbaros (pl)	อนารยชน	à-naa-rá-yá-chon
galeses (pl)	ชาวโกล	chaao gloh
godos (pl)	ชาวกอธ	chaao gòt
eslavos (pl)	ชาวสลาฟ	chaao sà-làaf
viquingues (pl)	ชาวไวกิ้ง	chaao wai-gîng
romanos (pl)	ชาวโรมัน	chaao roh-man
romano (adj)	โรมัน	roh-man
bizantinos (pl)	ชาวไบแซนไทน์	chaao bai-saen-tpai
Bizâncio	ไบแซนเทียม	bai-saen-thiam
bizantino (adj)	ไบแซนไทน์	bai-saen-thai
imperador (m)	จักรพรรดิ	jàk-grà-phát
líder (m)	ผู้นำ	phôo nam
poderoso (adj)	ทรงพลัง	song phá-lang

rei (m)	มูหากษัตริย์	má-hǎa gà-sàt
governante (m)	ผู้ปกครอง	phôo bpòk khrorng
cavaleiro (m)	อัศวิน	àt-sà-win
senhor feudal (m)	เจ้าครองนคร	jâo khrorng ná-khon
feudal (adj)	ระบบศักดินา	rá-bòp sàk-gà-dì naa
vassalo (m)	เจ้าของที่ดิน	jâo khǒrng thêe din
duque (m)	ดยุค	dà-yúk
conde (m)	เอิร์ล	ern
barão (m)	บารอน	baa-rorn
bispo (m)	พระบิชอป	phrá bì-chôp
armadura (f)	เกราะ	gròr
escudo (m)	โล่	lôh
espada (f)	ดาบ	dàap
viseira (f)	กะบังหน้าของหมวก	gà-bang nâa khǒrng mùak
cota (f) de malha	เสื้อเกราะถัก	sêua gròr thàk
cruzada (f)	สงครามครูเสด	sǒng-kraam khroo-sàyt
cruzado (m)	ผู้ทำสงคราม	phôo tham sǒng-kraam
	ศาสนา	sàat-sà-nǎa
território (m)	อาณาเขต	aa-naa khàyt
atacar (vt)	โจมตี	johm dtee
conquistar (vt)	ยึดครอง	yéut khrorng
ocupar, invadir (vt)	บุกยึด	bùk yéut
assédio, sítio (m)	การโอบล้อมโจมตี	gaan òhp lóm johm dtee
sitiado (adj)	ถูกล้อมกรอบ	thòok lóm gròp
assediar, sitiar (vt)	ล้อมโจมตี	lóm johm dtee
inquisição (f)	การไต่สวน	gaan dtài sǔan
inquisidor (m)	ผู้ไต่สวน	phôo dtài sǔan
tortura (f)	การทรมาน	gaan thor-rá-maan
cruel (adj)	โหดร้าย	hòht ráai
herege (m)	ผู้นอกรีต	phôo nôrk rêet
heresia (f)	ความนอกรีต	khwaam nôrk rêet
navegação (f) marítima	การเดินเรือทะเล	gaan dern reua thá-lay
pirata (m)	โจรสลัด	john sà-làt
pirataria (f)	การปล้นสะดม	gaan bplôn-sà-dom
	ในนานน้ำทะเล	nai nâan náam thá-lay
abordagem (f)	การบุกขึ้นเรือ	gaan bùk khêun reua
presa (f), butim (m)	ของที่ปล้น	khǒrng têe bplôn-
	สะดมมา	sà-dom maa
tesouros (m pl)	สมบัติ	sǒm-bàt
descobrimento (m)	การค้นพบ	gaan khón phóp
descobrir (novas terras)	คนพบ	khón phóp
expedição (f)	การสำรวจ	gaan sǎm-rùat
mosqueteiro (m)	ทหารถือ	thá-hǎan thěu
	ปืนคาบศิลา	bpeun khâap sì-laa
cardeal (m)	พระคาร์ดินัล	phrá khaa-dì-nan
heráldica (f)	มุทราศาสตร	mút-raa sàat
heráldico (adj)	ทางมุทราศาสตร์	thaang mút-raa sàat

159. Líder. Chefe. Autoridades

rei (m)	ราชา	raa-chaa
rainha (f)	ราชินี	raa-chí-nee
real (adj)	เกี่ยวกับราชวงศ์	gleow gàp râat-cha-wong
reino (m)	ราชอาณาจักร	râat aa-naa jàk
príncipe (m)	เจ้าชาย	jâo chaai
princesa (f)	เจาหญิง	jâo yĭng
presidente (m)	ประธานาธิบดี	bprà-thaa-naa-thí-bor-dee
vice-presidente (m)	รองประธานาธิบดี	rorng bprà-thaa-naa-thí-bor-dee
senador (m)	สมาชิกวุฒิสภา	sà-maa-chík wút-thí sà-phaa
monarca (m)	กษัตริย์	gà-sàt
governante (m)	ผูปกครอง	phôo bpòk khrorng
ditador (m)	เผด็จการ	phà-dèt gaan
tirano (m)	ทูรราช	thor-rá-râat
magnata (m)	ผูมีอิทธิพลสูง	phôo mee ìt-thí phon sŏong
diretor (m)	ผู้อำนวยการ	phôo am-nuay gaan
chefe (m)	หัวหนา	hŭa-nâa
gerente (m)	ผูจัดการ	phôo jàt gaan
patrão (m)	หัวหนา	hŭa-nâa
dono (m)	เจาของ	jâo khŏrng
líder (m)	ผูนำ	phôo nam
chefe (m)	หัวหนา	hŭa-nâa
autoridades (f pl)	เจาหนาที่	jâo nâa-thêe
superiores (m pl)	ผูบังคับบัญชา	phôo bang-kháp ban-chaa
governador (m)	ผูวาการ	phôo wâa gaan
cônsul (m)	กงสุล	gong-sŭn
diplomata (m)	นักการทูต	nák gaan thôot
Presidente (m) da Câmara	นายกเทศมนตรี	naa-yók thâyt-sà-mon-dtree
xerife (m)	นายอำเภอ	naai am-pher
imperador (m)	จักรพรรดิ	jàk-grà-phát
czar (m)	ซาร	saa
faraó (m)	ฟาโรห์	faa-roh
cã, khan (m)	ขาน	khàan

160. Violação da lei. Criminosos. Parte 1

bandido (m)	โจร	john
crime (m)	อาชญากรรม	àat-yaa-gam
criminoso (m)	อาชญากร	àat-yaa-gon
ladrão (m)	ขโมย	khà-moi
roubar (vt)	ขโมย	khà-moi
roubo (atividade)	การลักขโมย	gaan lák khà-moi
furto (m)	การลักทรัพย์	gaan lák sáp

raptar, sequestrar (vt)	ลักพาตัว	lák phaa dtua
sequestro (m)	การลักพาตัว	gaan lák phaa dtua
sequestrador (m)	ผู้ลักพาตัว	phôo lák phaa dtua
resgate (m)	ค่าไถ่	khâa thài
pedir resgate	เรียกเงินค่าไถ่	rîak ngern khâa thài
roubar (vt)	ปล้น	bplôn
assalto, roubo (m)	การปล้น	gaan bplôn
assaltante (m)	ขโมยขโจร	khà-moi khà-john
extorquir (vt)	รีดไถ	rêet thǎi
extorsionário (m)	ผู้รีดไถ	phôo rêet thǎi
extorsão (f)	การรีดไถ	gaan rêet thǎi
matar, assassinar (vt)	ฆ่า	khâa
homicídio (m)	ฆาตกรรม	khâat-dtà-gaam
homicida, assassino (m)	ฆาตกร	khâat-dtà-gon
tiro (m)	การยิงปืน	gaan ying bpeun
dar um tiro	ยิง	ying
matar a tiro	ยิงให้ตาย	ying hâi dtaai
disparar, atirar (vi)	ยิง	ying
tiroteio (m)	การยิง	gaan ying
incidente (m)	เหตุการณ์	hàyt gaan
briga (~ de rua)	การต่อสู้	gaan dtòr sôo
Socorro!	ขอช่วย	khǒr chûay
vítima (f)	เหยื่อ	yèua
danificar (vt)	ทำความเสียหาย	tham khwaam sǐa hǎai
dano (m)	ความเสียหาย	khwaam sǐa hǎai
cadáver (m)	ศพ	sòp
grave (adj)	รายแรง	ráai raeng
atacar (vt)	จู่โจม	jòo johm
bater (espancar)	ตี	dtee
espancar (vt)	ซ้อม	sórm
tirar, roubar (dinheiro)	ปล้น	bplôn
esfaquear (vt)	แทงให้ตาย	thaeng hâi dtaai
mutilar (vt)	ทำให้บาดเจ็บสาหัส	tham hâi bàat jèp sǎa hàt
ferir (vt)	บาด	bàat
chantagem (f)	การกรรโชก	gaan-gan-chôhk
chantagear (vt)	กรรโชก	gan-chôhk
chantagista (m)	ผู้ขูกรรโชก	phôo khòo gan-chôhk
extorsão (f)	การคุมครอง ผิดกฎหมาย	gaan khum khrorng phìt gòt mǎai
extorsionário (m)	ผู้ที่หาเงิน จากกิจกรรมที่ ผิดกฎหมาย	phôo thêe hǎa ngern jàak gìt-jà-gam thêe phìt gòt mǎai
gângster (m)	เหล่าร้าย	lào ráai
máfia (f)	มาเฟีย	maa-fia
punguista (m)	ขโมยล้วงกระเป๋า	khà-moi lúang grà-bpǎo
assaltante, ladrão (m)	ขโมยยองเบา	khà-moi yông bao

| contrabando (m) | การลักลอบ | gaan lák-lôrp |
| contrabandista (m) | ผู้ลักลอบ | phôo lák lôrp |

falsificação (f)	การปลอมแปลง	gaan bplorm bplaeng
falsificar (vt)	ปลอมแปลง	bplorm bplaeng
falsificado (adj)	ปลอม	bplorm

161. Violação da lei. Criminosos. Parte 2

estupro (m)	การข่มขืน	gaan khòm khěun
estuprar (vt)	ขมขืน	khòm khěun
estuprador (m)	โจรขมขืน	john khòm khěun
maníaco (m)	คนบ้า	khon bâa

prostituta (f)	โสเภณี	sŏh-phay-nee
prostituição (f)	การค้าประเวณี	gaan kháa bprà-way-nee
cafetão (m)	แมงดา	maeng-daa

| drogado (m) | ผู้ติดยาเสพติด | phôo dtìt yaa-sàyp-dtìt |
| traficante (m) | พอค้ายาเสพติด | phôr kháa yaa-sàyp-dtìt |

explodir (vt)	ระเบิด	rá-bèrt
explosão (f)	การระเบิด	gaan rá-bèrt
incendiar (vt)	เผา	phǎo
incendiário (m)	ผู้ลอบวางเพลิง	phôo lôp waang phlerng

terrorismo (m)	การก่อการร้าย	gaan gòr gaan ráai
terrorista (m)	ผู้ก่อการราย	phôo gòr gaan ráai
refém (m)	ตัวประกัน	dtua bprà-gan

enganar (vt)	ล่อลวง	lôr luang
engano (m)	การล่อลวง	gaan lôr luang
vigarista (m)	นักตมตุน	nák dtôm dtŭn

subornar (vt)	ติดสินบน	dtìt sĭn-bon
suborno (atividade)	การติดสินบน	gaan dtìt sĭn-bon
suborno (dinheiro)	สินบน	sĭn bon

veneno (m)	ยาพิษ	yaa phít
envenenar (vt)	วางยาพิษ	waang-yaa phít
envenenar-se (vr)	กินยาตาย	gin yaa dtaai

| suicídio (m) | การฆ่าตัวตาย | gaan khâa dtua dtaai |
| suicida (m) | ผู้ฆ่าตัวตาย | phôo khâa dtua dtaai |

ameaçar (vt)	ขู่	khòo
ameaça (f)	คำขู่	kham khòo
atentar contra a vida de …	พยายามฆ่า	phá-yaa-yaam khâa
atentado (m)	การพยายามฆ่า	gaan phá-yaa-yaam khâa

roubar (um carro)	จี้	jêe
sequestrar (um avião)	จี้	jêe
vingança (f)	การแก้แค้น	gaan gâe kháen
vingar (vt)	แก้แคน	gâe kháen

torturar (vt)	ทรมาณ	thon-maan
tortura (f)	การทรมาน	gaan thor-rá-maan
atormentar (vt)	ทำทารุณ	tam taa-run
pirata (m)	โจรสลัด	john sà-làt
desordeiro (m)	นักเลง	nák-layng
armado (adj)	มีอาวุธ	mee aa-wút
violência (f)	ความรุนแรง	khwaam run raeng
ilegal (adj)	ผิดกฎหมาย	phìt gòt mǎai
espionagem (f)	จารกรรม	jaa-rá-gam
espionar (vi)	ลวงความลับ	lúang khwaam láp

162. Polícia. Lei. Parte 1

justiça (sistema de ~)	ยุติธรรม	yút-dtì-tham
tribunal (m)	ศาล	sǎan
juiz (m)	ผู้พิพากษา	phôo phí-phâak-sǎa
jurados (m pl)	ลูกขุน	lôok khǔn
tribunal (m) do júri	การไต่สวนคดี	gaan dtài sǔan khá-dee
	แบบมีลูกขุน	bàep mee lôok khǔn
julgar (vt)	พิพากษา	phí-phâak-sǎa
advogado (m)	ทนายความ	thá-naai khwaam
réu (m)	จำเลย	jam loie
banco (m) dos réus	คอกจำเลย	khôrk jam loie
acusação (f)	ข้อกล่าวหา	khôr glàao hǎa
acusado (m)	ถูกกลาวหา	thòok glàao hǎa
sentença (f)	การลงโทษ	gaan long thôht
sentenciar (vt)	พิพากษา	phí-phâak-sǎa
culpado (m)	ผู้กระทำความผิด	phôo grà-tham khwaam phìt
punir (vt)	ลงโทษ	long thôht
punição (f)	การลงโทษ	gaan long thôht
multa (f)	ปรับ	bpràp
prisão (f) perpétua	การจำคุก	gaan jam khúk
	ตลอดชีวิต	dtà-lòt chee-wít
pena (f) de morte	โทษประหาร	thôht-bprà-hǎan
cadeira (f) elétrica	เก้าอี้ไฟฟ้า	gâo-êe fai-fáa
forca (f)	ตะแลงแกง	dtà-laeng-gaeng
executar (vt)	ประหาร	bprà-hǎan
execução (f)	การประหาร	gaan bprà-hǎan
prisão (f)	คุก	khúk
cela (f) de prisão	ห้องขัง	hôrng khǎng
escolta (f)	ผู้ควบคุมตัว	phôo khûap khum dtua
guarda (m) prisional	ผู้คุม	phôo khum
preso, prisioneiro (m)	นักโทษ	nák thôht

algemas (f pl)	กุญแจมือ	gun-jae meu
algemar (vt)	ใส่กุญแจมือ	sài gun-jae meu
fuga, evasão (f)	การแหกคุก	gaan hàek khúk
fugir (vi)	แหก	hàek
desaparecer (vi)	หายตัวไป	hăai dtua bpai
soltar, libertar (vt)	ถูกปล่อยตัว	thòok bplòi dtua
anistia (f)	การนิรโทษกรรม	gaan ní-rá-thôht gam
polícia (instituição)	ตำรวจ	dtam-rùat
polícia (m)	เจ้าหน้าที่ตำรวจ	jâo nâa-thêe dtam-rùat
delegacia (f) de polícia	สถานีตำรวจ	sà-thăa-nee dtam-rùat
cassetete (m)	กระบองตำรวจ	grà-bong dtam-rùat
megafone (m)	โทรโข่ง	toh-ra -khòhng
carro (m) de patrulha	รถลาดตระเวน	rót lâat dtrà-wayn
sirene (f)	หวอ	wŏr
ligar a sirene	เปิดหวอ	bpèrt wŏr
toque (m) da sirene	เสียงหวอ	sĭang wŏr
cena (f) do crime	ที่เกิดเหตุ	thêe gèrt hàyt
testemunha (f)	พยาน	phá-yaan
liberdade (f)	อิสระ	ìt-sà-rà
cúmplice (m)	ผู้ร่วมกระทำผิด	phôo rûam grà-tham phìt
escapar (vi)	หนี	nĕe
traço (não deixar ~s)	ร่องรอย	rông roi

163. Polícia. Lei. Parte 2

procura (f)	การสืบสวน	gaan sèup sŭan
procurar (vt)	หาตัว	hăa dtua
suspeita (f)	ความสงสัย	khwaam sŏng-săi
suspeito (adj)	น่าสงสัย	nâa sŏng-săi
parar (veículo, etc.)	เรียกให้หยุด	rîak hâi yùt
deter (fazer parar)	กักตัว	gàk dtua
caso (~ criminal)	คดี	khá-dee
investigação (f)	การสืบสวน	gaan sèup sŭan
detetive (m)	นักสืบ	nák sèup
investigador (m)	นักสอบสวน	nák sòrp sŭan
versão (f)	สันนิษฐาน	săn-nít-thăan
motivo (m)	เหตุจูงใจ	hàyt joong jai
interrogatório (m)	การสอบปากคำ	gaan sòp bpàak kham
interrogar (vt)	สอบสวน	sòrp sŭan
questionar (vt)	ไถ่ถาม	thài thăam
verificação (f)	การตรวจสอบ	gaan dtrùat sòp
batida (f) policial	การรวบตัว	gaan rûap dtua
busca (f)	การตรวจค้น	gaan dtrùat khón
perseguição (f)	การไล่ล่า	gaan lâi lâa
perseguir (vt)	ไล่ล่า	lâi lâa
seguir, rastrear (vt)	สืบ	sèup
prisão (f)	การจับกุม	gaan jàp gum

prender (vt)	จับกุม	jàp gum
pegar, capturar (vt)	จับ	jàp
captura (f)	การจับ	gaan jàp
documento (m)	เอกสาร	àyk săan
prova (f)	หลักฐาน	làk thăan
provar (vt)	พิสูจน์	phí-sòot
pegada (f)	รอยเท้า	roi tháo
impressões (f pl) digitais	รอยนิ้วมือ	roi níw meu
prova (f)	หลักฐาน	làk thăan
álibi (m)	ข้อแก้ตัว	khôr gâe dtua
inocente (adj)	พ้นผิด	phón phìt
injustiça (f)	ความอยุติธรรม	khwaam a-yút-dtì-tam
injusto (adj)	ไม่เป็นธรรม	mâi bpen-tham
criminal (adj)	อาชญากร	àat-yaa-gon
confiscar (vt)	ยึด	yéut
droga (f)	ยาเสพติด	yaa sàyp dtìt
arma (f)	อาวุธ	aa-wút
desarmar (vt)	ปลดอาวุธ	bplòt aa-wút
ordenar (vt)	ออกคำสั่ง	òrk kham sàng
desaparecer (vi)	หายตัวไป	hăai dtua bpai
lei (f)	กฎหมาย	gòt măai
legal (adj)	ตามกฎหมาย	dtaam gòt măai
ilegal (adj)	ผิดกฎหมาย	phìt gòt măai
responsabilidade (f)	ความรับผิดชอบ	khwaam ráp phìt chôp
responsável (adj)	รับผิดชอบ	ráp phìt chôp

NATUREZA

A Terra. Parte 1

164. Espaço sideral

espaço, cosmo (m)	อวกาศ	a-wá-gàat
espacial, cósmico (adj)	ทางอวกาศ	thang a-wá-gàat
espaço (m) cósmico	อวกาศ	a-wá-gàat
mundo (m)	โลก	lôhk
universo (m)	จักรวาล	jàk-grà-waan
galáxia (f)	ดาราจักร	daa-raa jàk
estrela (f)	ดาว	daao
constelação (f)	กลุ่มดาว	glùm daao
planeta (m)	ดาวเคราะห์	daao khrór
satélite (m)	ดาวเทียม	daao thiam
meteorito (m)	ดาวตก	daao dtòk
cometa (m)	ดาวหาง	daao hăang
asteroide (m)	ดาวเคราะห์น้อย	daao khrór nói
órbita (f)	วงโคจร	wong khoh-jon
girar (vi)	เวียน	wian
atmosfera (f)	บรรยากาศ	ban-yaa-gàat
Sol (m)	ดวงอาทิตย์	duang aa-thít
Sistema (m) Solar	ระบบสุริยะ	rá-bòp sù-rí-yá
eclipse (m) solar	สุริยุปราคา	sù-rí-yú-bpà-raa-kaa
Terra (f)	โลก	lôhk
Lua (f)	ดวงจันทร์	duang jan
Marte (m)	ดาวอังคาร	daao ang-khaan
Vênus (f)	ดาวศุกร์	daao sùk
Júpiter (m)	ดาวพฤหัส	daao phá-réu-hàt
Saturno (m)	ดาวเสาร์	daao săo
Mercúrio (m)	ดาวพุธ	daao phút
Urano (m)	ดาวยูเรนัส	daao-yoo-ray-nát
Netuno (m)	ดาวเนปจูน	daao-nâyp-joon
Plutão (m)	ดาวพลูโต	daao phloo-dtoh
Via Láctea (f)	ทางช้างเผือก	thaang cháang phèuak
Ursa Maior (f)	กลุ่มดาวหมีใหญ่	glùm daao měe yài
Estrela Polar (f)	ดาวเหนือ	daao něua
marciano (m)	ชาวดาวอังคาร	chaao daao ang-khaan
extraterrestre (m)	มนุษย์ต่างดาว	má-nút dtàang daao

alienígena (m)	มนุษย์ต่างดาว	má-nút dtàang daao
disco (m) voador	จานบิน	jaan bin
espaçonave (f)	ยานอวกาศ	yaan a-wá-gàat
estação (f) orbital	สถานีอวกาศ	sà-thǎa-nee a-wá-gàat
lançamento (m)	การปล่อยจรวด	gaan bplòi jà-rùat
motor (m)	เครื่องยนต์	khrêuang yon
bocal (m)	ท่อไอพ่น	thôr ai phôn
combustível (m)	เชื้อเพลิง	chéua phlerng
cabine (f)	ที่นั่งคนขับ	thêe nâng khon khàp
antena (f)	เสาอากาศ	sǎo aa-gàat
vigia (f)	ช่อง	chôrng
bateria (f) solar	อุปกรณ์พลังงานแสงอาทิตย์	ù-bpà-gon phá-lang ngaan sǎeng aa-thít
traje (m) espacial	ชุดอวกาศ	chút a-wá-gàat
imponderabilidade (f)	สภาพไร้น้ำหนัก	sà-phâap rái nám nàk
oxigênio (m)	อ็อกซิเจน	ók sí jayn
acoplagem (f)	การเทียบท่า	gaan thîap thâa
fazer uma acoplagem	เทียบท่า	thîap thâa
observatório (m)	หอดูดาว	hǒr doo daao
telescópio (m)	กล้องโทรทรรศน์	glôrng thoh-rá-thát
observar (vt)	เฝ้าสังเกต	fâo sǎng-gàyt
explorar (vt)	สำรวจ	sǎm-rùat

165. A Terra

Terra (f)	โลก	lôhk
globo terrestre (Terra)	ลูกโลก	lôok lôhk
planeta (m)	ดาวเคราะห์	daao khrór
atmosfera (f)	บรรยากาศ	ban-yaa-gàat
geografia (f)	ภูมิศาสตร์	phoo-mí-sàat
natureza (f)	ธรรมชาติ	tham-má-châat
globo (mapa esférico)	ลูกโลก	lôok lôhk
mapa (m)	แผนที่	phǎen thêe
atlas (m)	หนังสือแผนที่โลก	nǎng-sěu phǎen thêe lôhk
Europa (f)	ยุโรป	yú-ròhp
Ásia (f)	เอเชีย	ay-chia
África (f)	แอฟริกา	àef-rí-gaa
Austrália (f)	ออสเตรเลีย	òrt-dtray-lia
América (f)	อเมริกา	a-may-rí-gaa
América (f) do Norte	อเมริกาเหนือ	a-may-rí-gaa něua
América (f) do Sul	อเมริกาใต้	a-may-rí-gaa dtâi
Antártida (f)	แอนตาร์กติกา	aen-dtàak-dtì-gaa
Ártico (m)	อาร์กติค	àak-dtìk

166. Pontos cardeais

norte (m)	เหนือ	nĕua
para norte	ทิศเหนือ	thít nĕua
no norte	ที่ภาคเหนือ	thêe phâak nĕua
do norte (adj)	ทางเหนือ	thaang nĕua
sul (m)	ใต้	dtâi
para sul	ทิศใต้	thít dtâi
no sul	ที่ภาคใต้	thêe phâak dtâi
do sul (adj)	ทางใต้	thaang dtâi
oeste, ocidente (m)	ตะวันตก	dtà-wan dtòk
para oeste	ทิศตะวันตก	thít dtà-wan dtòk
no oeste	ที่ภาคตะวันตก	thêe phâak dtà-wan dtòk
ocidental (adj)	ทางตะวันตก	thaang dtà-wan dtòk
leste, oriente (m)	ตะวันออก	dtà-wan òrk
para leste	ทิศตะวันออก	thít dtà-wan òrk
no leste	ที่ภาคตะวันออก	thêe phâak dtà-wan òrk
oriental (adj)	ทางตะวันออก	thaang dtà-wan òrk

167. Mar. Oceano

mar (m)	ทะเล	thá-lay
oceano (m)	มหาสมุทร	má-hăa sà-mùt
golfo (m)	อ่าว	àao
estreito (m)	ช่องแคบ	chôrng khâep
terra (f) firme	พื้นดิน	phéun din
continente (m)	ทวีป	thá-wêep
ilha (f)	เกาะ	gòr
península (f)	คาบสมุทร	khâap sà-mùt
arquipélago (m)	หมู่เกาะ	mòo gòr
baía (f)	อ่าว	àao
porto (m)	ท่าเรือ	thâa reua
lagoa (f)	ลากูน	laa-goon
cabo (m)	แหลม	lăem
atol (m)	อะทอลล์	à-thorn
recife (m)	แนวปะการัง	naew bpà-gaa-rang
coral (m)	ปะการัง	bpà gaa-rang
recife (m) de coral	แนวปะการัง	naew bpà-gaa-rang
profundo (adj)	ลึก	léuk
profundidade (f)	ความลึก	khwaam léuk
abismo (m)	หุบเหวลึก	hùp wăy léuk
fossa (f) oceânica	ร่องลึกก้นสมุทร	rông léuk gôn sà-mùt
corrente (f)	กระแสน้ำ	grà-săe náam
banhar (vt)	ล้อมรอบ	lórm rôrp

| litoral (m) | ชายฝั่ง | chaai fàng |
| costa (f) | ชายฝั่ง | chaai fàng |

maré (f) alta	น้ำขึ้น	náam khêun
refluxo (m)	น้ำลง	náam long
restinga (f)	หาดตื้น	hàat dtêun
fundo (m)	กนทะเล	gôn thá-lay

onda (f)	คลื่น	khlêun
crista (f) da onda	มวนคลื่น	múan khlêun
espuma (f)	ฟองคลื่น	forng khlêun

tempestade (f)	พายุ	phaa-yú
furacão (m)	พายุเฮอร์ริเคน	phaa-yú her-rí-khayn
tsunami (m)	คลื่นยักษ์	khlêun yák
calmaria (f)	ภาวะไร้ลมพัด	phaa-wá rái lom phát
calmo (adj)	สงบ	sà-ngòp

| polo (m) | ขั้วโลก | khûa lôhk |
| polar (adj) | ขั้วโลก | khûa lôhk |

latitude (f)	เส้นรุ้ง	sên rúng
longitude (f)	เส้นแวง	sên waeng
paralela (f)	เส้นขนาน	sên khà-nǎan
equador (m)	เส้นศูนย์สูตร	sên sǒon sòot

céu (m)	ท้องฟ้า	thórng fáa
horizonte (m)	ขอบฟ้า	khòrp fáa
ar (m)	อากาศ	aa-gàat

farol (m)	ประภาคาร	bprà-phaa-khaan
mergulhar (vi)	ดำ	dam
afundar-se (vr)	จม	jom
tesouros (m pl)	สมบัติ	sǒm-bàt

168. Montanhas

montanha (f)	ภูเขา	phoo khǎo
cordilheira (f)	ทิวเขา	thiw khǎo
serra (f)	สันเขา	sǎn khǎo

cume (m)	ยอดเขา	yôrt khǎo
pico (m)	ยอด	yôrt
pé (m)	ตีนเขา	dteun khǎo
declive (m)	ไหลเขา	lài khǎo

vulcão (m)	ภูเขาไฟ	phoo khǎo fai
vulcão (m) ativo	ภูเขาไฟมีพลัง	phoo khǎo fai mee phá-lang
vulcão (m) extinto	ภูเขาไฟที่ดับแล้ว	phoo khǎo fai thêe dàp láew

erupção (f)	ภูเขาไฟระเบิด	phoo khǎo fai rá-bèrt
cratera (f)	ปลองภูเขาไฟ	bplòng phoo khǎo fai
magma (m)	หินหนืด	hǐn nèut
lava (f)	ลาวา	laa-waa

fundido (lava ~a)	หลอมเหลว	lŏrm lĕo
cânion, desfiladeiro (m)	หุบเขาลึก	hùp khăo léuk
garganta (f)	ช่องเขา	chôrng khăo
fenda (f)	รอยแตกภูเขา	roi dtàek phoo khăo
precipício (m)	หุบเหวลึก	hùp wăy léuk
passo, colo (m)	ทางผ่าน	thaang phàan
planalto (m)	ที่ราบสูง	thêe râap sŏong
falésia (f)	หน้าผา	nâa phăa
colina (f)	เนินเขา	nern khăo
geleira (f)	ธารน้ำแข็ง	thaan náam khăeng
cachoeira (f)	น้ำตก	nám dtòk
gêiser (m)	น้ำพุร้อน	nám phú rórn
lago (m)	ทะเลสาบ	thá-lay sàap
planície (f)	ที่ราบ	thêe râap
paisagem (f)	ภูมิทัศน์	phoom thát
eco (m)	เสียงสะท้อน	sĭang sà-thón
alpinista (m)	นักปีนเขา	nák bpeen khăo
escalador (m)	นักไต่เขา	nák dtài khăo
conquistar (vt)	ไต่เขาถึงยอด	dtài khăo thĕung yôt
subida, escalada (f)	การปีนเขา	gaan bpeen khăo

169. Rios

rio (m)	แม่น้ำ	mâe náam
fonte, nascente (f)	แหล่งน้ำแร่	làeng náam râe
leito (m) de rio	เส้นทางแม่น้ำ	sên thaang mâe náam
bacia (f)	ลุ่มน้ำ	lûm náam
desaguar no ...	ไหลไปสู่...	lăi bpai sòo...
afluente (m)	สาขา	săa-khăa
margem (do rio)	ฝั่งแม่น้ำ	fàng mâe náam
corrente (f)	กระแสน้ำ	grà-săe náam
rio abaixo	ตามกระแสน้ำ	dtaam grà-săe náam
rio acima	ทวนน้ำ	thuan náam
inundação (f)	น้ำท่วม	nám thûam
cheia (f)	น้ำท่วม	nám thûam
transbordar (vi)	เอ่อล้น	èr lón
inundar (vt)	ท่วม	thûam
banco (m) de areia	บริเวณน้ำตื้น	bor-rí-wayn nám dtêun
corredeira (f)	กระแสน้ำเชี่ยว	grà-săe nám-chîeow
barragem (f)	เขื่อน	khèuan
canal (m)	คลอง	khlorng
reservatório (m) de água	ที่เก็บกักน้ำ	thêe gèp gàk náam
eclusa (f)	ประตูระบายน้ำ	bprà-dtoo rá-baai náam
corpo (m) de água	พื้นน้ำ	phéun náam
pântano (m)	บึง	beung

| lamaçal (m) | ห้วย | hûay |
| redemoinho (m) | น้ำวน | nám won |

riacho (m)	ลำธาร	lam thaan
potável (adj)	น้ำดื่มได้	nám dèum dâai
doce (água)	น้ำจืด	nám jèut

| gelo (m) | น้ำแข็ง | nám khăeng |
| congelar-se (vr) | แชแข็ง | châe khăeng |

170. Floresta

| floresta (f), bosque (m) | ป่าไม้ | bpàa máai |
| florestal (adj) | ป่า | bpàa |

mata (f) fechada	ป่าทึบ	bpàa théup
arvoredo (m)	ป่าละเมาะ	bpàa lá-mór
clareira (f)	ทุงโลง	thûng lôhng

| matagal (m) | ป่าละเมาะ | bpàa lá-mór |
| mato (m), caatinga (f) | ป่าละเมาะ | bpàa lá-mór |

| pequena trilha (f) | ทางเดิน | thaang dern |
| ravina (f) | รองธาร | rông thaan |

árvore (f)	ต้นไม้	dtôn máai
folha (f)	ใบไม้	bai máai
folhagem (f)	ใบไม	bai máai

queda (f) das folhas	ใบไม้ร่วง	bai máai rûang
cair (vi)	ร่วง	rûang
topo (m)	ยอด	yôrt

ramo (m)	กิ่ง	gìng
galho (m)	กานไม้	gâan mái
botão (m)	ยอดออน	yôrt òrn
agulha (f)	เข็ม	khěm
pinha (f)	ลูกสน	lôok sŏn

buraco (m) de árvore	โพรงไม้	phrohng máai
ninho (m)	รัง	rang
toca (f)	โพรง	phrohng

tronco (m)	ลำต้น	lam dtôn
raiz (f)	ราก	râak
casca (f) de árvore	เปลือกไม้	bplèuak máai
musgo (m)	มอส	môt

arrancar pela raiz	ถอนราก	thŏrn râak
cortar (vt)	โคน	khôhn
desflorestar (vt)	ตัดไม้ทำลายป่า	dtàt mái tham laai bpàa
toco, cepo (m)	ตอไม	dtor máai
fogueira (f)	กองไฟ	gorng fai
incêndio (m) florestal	ไฟป่า	fai bpàa

apagar (vt)	ดับไฟ	dàp fai
guarda-parque (m)	เจ้าหน้าที่ดูแลป่า	jâo nâa-thêe doo lae bpàa
proteção (f)	การปกป้อง	gaan bpòk bpôrng
proteger (a natureza)	ปกป้อง	bpòk bpôrng
caçador (m) furtivo	นักลอบล่าสัตว์	nák lôrp lâa sàt
armadilha (f)	กับดักเหล็ก	gàp dàk lèk
colher (cogumelos, bagas)	เก็บ	gèp
perder-se (vr)	หลงทาง	lŏng thaang

171. Recursos naturais

recursos (m pl) naturais	ทรัพยากร ธรรมชาติ	sáp-pá-yaa-gon tham-má-châat
minerais (m pl)	แร่	râe
depósitos (m pl)	ตะกอน	dtà-gorn
jazida (f)	บ่อ	bòr
extrair (vt)	ขุดแร่	khùt râe
extração (f)	การขุดแร่	gaan khùt râe
minério (m)	แร่	râe
mina (f)	เหมืองแร่	mĕuang râe
poço (m) de mina	ช่องเหมือง	chôrng mĕuang
mineiro (m)	คนงานเหมือง	khon ngaan mĕuang
gás (m)	แก๊ส	gáet
gasoduto (m)	ท่อแก๊ส	thôr gáet
petróleo (m)	น้ำมัน	nám man
oleoduto (m)	ท่อน้ำมัน	thôr náam man
poço (m) de petróleo	บ่อน้ำมัน	bòr náam man
torre (f) petrolífera	ปั้นจั่นขนาดใหญ่	bpân jàn khà-nàat yài
petroleiro (m)	เรือบรรทุกน้ำมัน	reua ban-thúk nám man
areia (f)	ทราย	saai
calcário (m)	หินปูน	hĭn bpoon
cascalho (m)	กรวด	grùat
turfa (f)	พีต	phêet
argila (f)	ดินเหนียว	din nĭeow
carvão (m)	ถ่านหิน	thàan hĭn
ferro (m)	เหล็ก	lèk
ouro (m)	ทอง	thorng
prata (f)	เงิน	ngern
níquel (m)	นิเกิล	ní-gêrn
cobre (m)	ทองแดง	thorng daeng
zinco (m)	สังกะสี	săng-gà-sĕe
manganês (m)	แมงกานีส	maeng-gaa-nêet
mercúrio (m)	ปรอท	bpa -ròrt
chumbo (m)	ตะกั่ว	dtà-gùa
mineral (m)	แร่	râe
cristal (m)	ผลึก	phà-lèuk

mármore (m)	หินอ่อน	hǐn òrn
urânio (m)	ยูเรเนียม	yoo-ray-niam

A Terra. Parte 2

172. Tempo

tempo (m)	สภาพอากาศ	sà-phâap aa-gàat
previsão (f) do tempo	พยากรณ์ สภาพอากาศ	phá-yaa-gon sà-phâap aa-gàat
temperatura (f)	อุณหภูมิ	un-hà-phoom
termômetro (m)	ปรอทวัดอุณหภูมิ	bpà-ròrt wát un-hà-phoom
barômetro (m)	เครื่องวัดความดัน บรรยากาศ	khrêuang wát khwaam dan ban-yaa-gàat
úmido (adj)	ชื้น	chéun
umidade (f)	ความชื้น	khwaam chéun
calor (m)	ความร้อน	khwaam rórn
tórrido (adj)	ร้อน	rórn
está muito calor	มันร้อน	man rórn
está calor	มันอุ่น	man ùn
quente (morno)	อุ่น	ùn
está frio	อากาศเย็น	aa-gàat yen
frio (adj)	เย็น	yen
sol (m)	ดวงอาทิตย์	duang aa-thít
brilhar (vi)	ส่องแสง	sòrng sǎeng
de sol, ensolarado	มีแสงแดด	mee sǎeng dàet
nascer (vi)	ขึ้น	khêun
pôr-se (vr)	ตก	dtòk
nuvem (f)	เมฆ	mâyk
nublado (adj)	มีเมฆมาก	mee mâyk mâak
nuvem (f) preta	เมฆฝน	mâyk fǒn
escuro, cinzento (adj)	มืดครึ้ม	mêut khréum
chuva (f)	ฝน	fǒn
está a chover	ฝนตก	fǒn dtòk
chuvoso (adj)	ฝนตก	fǒn dtòk
chuviscar (vi)	ฝนปรอย	fòn bproi
chuva (f) torrencial	ฝนตกหนัก	fǒn dtòk nàk
aguaceiro (m)	ฝนห่าใหญ่	fǒn hàa yài
forte (chuva, etc.)	หนัก	nàk
poça (f)	หลุมน้ำ	lòm nám
molhar-se (vr)	เปียก	bpìak
nevoeiro (m)	หมอก	mòrk
de nevoeiro	หมอกจัด	mòrk jàt
neve (f)	หิมะ	hì-má
está nevando	หิมะตก	hì-má dtòk

173. Tempo extremo. Catástrofes naturais

trovoada (f)	พายุฟ้าคะนอง	phaa-yú fáa khá-nong
relâmpago (m)	ฟ้าผ่า	fáa phàa
relampejar (vi)	แลบ	lâep
trovão (m)	ฟ้าคะนอง	fáa khá-norng
trovejar (vi)	มีฟ้าคะนอง	mee fáa khá-norng
está trovejando	มีฟ้าร้อง	mee fáa rórng
granizo (m)	ลูกเห็บ	lôok hèp
está caindo granizo	มีลูกเห็บตก	mee lôok hèp dtòk
inundar (vt)	ท่วม	thûam
inundação (f)	น้ำท่วม	nám thûam
terremoto (m)	แผ่นดินไหว	phàen din wăi
abalo, tremor (m)	ไหว	wăi
epicentro (m)	จุดเหนือศูนย์แผ่นดินไหว	jùt nĕua sŏon phàen din wăi
erupção (f)	ภูเขาไฟระเบิด	phoo khăo fai rá-bèrt
lava (f)	ลาวา	laa-waa
tornado (m)	พายุหมุน	phaa-yú mŭn
tornado (m)	พายุทอร์เนโด	phaa-yú thor-nay-doh
tufão (m)	พายุไต้ฝุ่น	phaa-yú dtâi fùn
furacão (m)	พายุเฮอร์ริเคน	phaa-yú her-rí-khayn
tempestade (f)	พายุ	phaa-yú
tsunami (m)	คลื่นสึนามิ	khlêun sèu-naa-mí
ciclone (m)	พายุไซโคลน	phaa-yú sai-khlohn
mau tempo (m)	อากาศไม่ดี	aa-gàat mâi dee
incêndio (m)	ไฟไหม้	fai mâi
catástrofe (f)	ความหายนะ	khwaam hăa-yá-ná
meteorito (m)	อุกกาบาต	ùk-gaa-bàat
avalanche (f)	หิมะถล่ม	hì-má thà-lòm
deslizamento (m) de neve	หิมะถลม	hì-má thà-lòm
nevasca (f)	พายุหิมะ	phaa-yú hì-má
tempestade (f) de neve	พายุหิมะ	phaa-yú hì-má

Fauna

174. Mamíferos. Predadores

predador (m)	สัตว์กินเนื้อ	sàt gin néua
tigre (m)	เสือ	sĕua
leão (m)	สิงโต	sĭng dtoh
lobo (m)	หมาป่า	mǎa bpàa
raposa (f)	หมาจิ้งจอก	mǎa jîng-jòk
jaguar (m)	เสือจากัวร์	sĕua jaa-gua
leopardo (m)	เสือดาว	sĕua daao
chita (f)	เสือชีตาห์	sĕua chee-dtaa
pantera (f)	เสือดำ	sĕua dam
puma (m)	สิงโตภูเขา	sĭng-dtoh phoo khǎo
leopardo-das-neves (m)	เสือดาวหิมะ	sĕua daao hì-má
lince (m)	แมวป่า	maew bpàa
coiote (m)	โคโยตี้	khoh-yoh-dtêe
chacal (m)	หมาจิ้งจอกทอง	mǎa jîng-jòk thorng
hiena (f)	ไฮยีนา	hai-yee-naa

175. Animais selvagens

animal (m)	สัตว์	sàt
besta (f)	สัตว์	sàt
esquilo (m)	กระรอก	grà rôk
ouriço (m)	เมน	mâyn
lebre (f)	กระต่ายป่า	grà-dtàai bpàa
coelho (m)	กระต่าย	grà-dtàai
texugo (m)	แบดเจอร์	baet-jer
guaxinim (m)	แร็คคูน	ráek khoon
hamster (m)	หนูแฮมสเตอร์	nǒo haem-sà-dtêr
marmota (f)	มารมอต	maa-môt
toupeira (f)	ตุ่น	dtùn
rato (m)	หนู	nǒo
ratazana (f)	หนู	nǒo
morcego (m)	ค้างคาว	kháang khaao
arminho (m)	เออร์มิน	er-min
zibelina (f)	เซเบิล	say bern
marta (f)	มารเทิน	maa thern
doninha (f)	เพียงพอนสีน้ำตาล	phiang phon sĕe nám dtaan
visom (m)	เพียงพอน	phiang phorn

castor (m)	ปีเวอร์	bee-wer
lontra (f)	นาก	nâak
cavalo (m)	ม้า	máa
alce (m)	กวางมูส	gwaang môot
veado (m)	กวาง	gwaang
camelo (m)	อูฐ	òot
bisão (m)	วัวป่า	wua bpàa
auroque (m)	วัวป่าออรอซ	wua bpàa or rôt
búfalo (m)	ควาย	khwaai
zebra (f)	ม้าลาย	máa laai
antílope (m)	แอนทีโลป	aen-thi-lòp
corça (f)	กวางโรเดียร์	gwaang roh-dia
gamo (m)	กวางแฟลโลว์	gwaang flae-loh
camurça (f)	เลียงผา	liang-phǎa
javali (m)	หมูป่า	mǒo bpàa
baleia (f)	วาฬ	waan
foca (f)	แมวน้ำ	maew náam
morsa (f)	ช้างน้ำ	cháang náam
urso-marinho (m)	แมวน้ำมีขน	maew náam mee khǒn
golfinho (m)	โลมา	loh-maa
urso (m)	หมี	měe
urso (m) polar	หมีขั้วโลก	měe khûa lôhk
panda (m)	หมีแพนดา	měe phaen-dâa
macaco (m)	ลิง	ling
chimpanzé (m)	ลิงชิมแปนซี	ling chim-bpaen-see
orangotango (m)	ลิงอุรังอุตัง	ling u-rang-u-dtang
gorila (m)	ลิงกอริลลา	ling gor-rin-lâa
macaco (m)	ลิงแม็กแคก	ling mâk-khâk
gibão (m)	ชะนี	chá-nee
elefante (m)	ช้าง	cháang
rinoceronte (m)	แรด	râet
girafa (f)	ยีราฟ	yee-râaf
hipopótamo (m)	ฮิปโปโปเตมัส	híp-bpoh-bpoh-dtay-mát
canguru (m)	จิงโจ้	jing-jôh
coala (m)	หมีโคอาล่า	měe khoh aa lâa
mangusto (m)	พังพอน	phang phon
chinchila (f)	คินคิลลา	khin-khin laa
cangambá (f)	สกังก์	sà-gang
porco-espinho (m)	เมน	mâyn

176. Animais domésticos

gata (f)	แมวตัวเมีย	maew dtua mia
gato (m) macho	แมวตัวผู้	maew dtua phôo
cão (m)	สุนัข	sù-nák

cavalo (m)	ม้า	máa
garanhão (m)	ม้าตัวผู้	máa dtua phôo
égua (f)	มาตัวเมีย	máa dtua mia
vaca (f)	วัว	wua
touro (m)	กระทิง	grà-thing
boi (m)	วัว	wua
ovelha (f)	แกะตัวเมีย	gàe dtua mia
carneiro (m)	แกะตัวผู้	gàe dtua phôo
cabra (f)	แพะตัวเมีย	pháe dtua mia
bode (m)	แพะตัวผู้	pháe dtua phôo
burro (m)	ลา	laa
mula (f)	ลอ	lôr
porco (m)	หมู	mŏo
leitão (m)	ลูกหมู	lôok mŏo
coelho (m)	กระต่าย	grà-dtàai
galinha (f)	ไก่ตัวเมีย	gài dtua mia
galo (m)	ไก่ตัวผู้	gài dtua phôo
pata (f), pato (m)	เป็ดตัวเมีย	bpèt dtua mia
pato (m)	เป็ดตัวผู้	bpèt dtua phôo
ganso (m)	ห่าน	hàan
peru (m)	ไก่งวงตัวผู้	gài nguang dtua phôo
perua (f)	ไก่งวงตัวเมีย	gài nguang dtua mia
animais (m pl) domésticos	สัตว์เลี้ยง	sàt líang
domesticado (adj)	เลี้ยง	líang
domesticar (vt)	เชื่อง	chêuang
criar (vt)	ขยายพันธุ์	khà-yăai phan
fazenda (f)	ฟาร์ม	faam
aves (f pl) domésticas	สัตว์ปีก	sàt bpèek
gado (m)	วัวควาย	wua khwaai
rebanho (m), manada (f)	ฝูง	fŏong
estábulo (m)	คอกม้า	khôrk máa
chiqueiro (m)	คอกหมู	khôrk mŏo
estábulo (m)	คอกวัว	khôrk wua
coelheira (f)	คอกกระต่าย	khôrk grà-dtàai
galinheiro (m)	เล้าไก่	láo gài

177. Cães. Raças de cães

cão (m)	สุนัข	sù-nák
cão pastor (m)	สุนัขเลี้ยงแกะ	sù-nák líang gàe
pastor-alemão (m)	เยอรมันเชฟเฟิร์ด	yer-rá-man chayf-fêrt
poodle (m)	พูเดิล	phoo dêrn
linguicinha (m)	ดัชชุน	dàt chun
buldogue (m)	บูลด็อก	boon dòrk

boxer (m)	บ็อกเซอร์	bòk-sêr
mastim (m)	มัสตีฟ	mát-dtèef
rottweiler (m)	ร็อตไวเลอร์	rót-wai-ler
dóberman (m)	โดเบอรแมน	doh-ber-maen
basset (m)	บาสเซ็ต	bàat-sét
pastor inglês (m)	บ็อบเทล	bòp-thayn
dálmata (m)	ดัลเมเชียน	dan-may-chian
cocker spaniel (m)	ค็อกเกอรสเปเนียล	khórk-gêr sà-bpay-nian
terra-nova (m)	นิวฟาวนด์ฮาวน์ดแลนด์	niw-faao-dà-haao-dà-lǎen
são-bernardo (m)	เซนตเบอรนารด	sayn ber nâat
husky (m) siberiano	ฮัสกี้	hát-gêe
Chow-chow (m)	เชาเชา	chao chao
spitz alemão (m)	สปิตซ	sà-bpìt
pug (m)	ปั๊ก	bpák

178. Sons produzidos pelos animais

latido (m)	เสี่ยงเห่า	sìang hào
latir (vi)	เห่า	hào
miar (vi)	รองเหมียว	rórng mǐeow
ronronar (vi)	ทำเสียงคราง	tham sìang khraang
mugir (vaca)	รองมอๆ	rórng mor mor
bramir (touro)	สงเสียงคำราม	sòng sǐang kham-raam
rosnar (vi)	โฮก	hôhk
uivo (m)	เสียงหอน	sǐang hǒn
uivar (vi)	หอน	hǒrn
ganir (vi)	ครางหงิงๆ	khraang ngǐng ngǐng
balir (vi)	รองแบะๆ	rórng bàe bàe
grunhir (vi)	รองอูดๆ	rórng ùut ùut
guinchar (vi)	รองเสียงแหลม	rórng sǐang lǎem
coaxar (sapo)	รองอ๊บๆ	rórng ôp ôp
zumbir (inseto)	หึ่ง	hèung
ziziar (vi)	ทำเสียงจ๊อกแจ๊ก	tham sǐang jòrk jáek

179. Pássaros

pássaro (m), ave (f)	นก	nók
pombo (m)	นกพิราบ	nók phí-râap
pardal (m)	นกกระจิบ	nók grà-jìp
chapim-real (m)	นกติด	nók dtít
pega-rabuda (f)	นกสาลิกา	nók sǎa-lí gaa
corvo (m)	นกอีกา	nók ee-gaa
gralha-cinzenta (f)	นกกา	nók gaa
gralha-de-nuca-cinzenta (f)	นกจำพวกกา	nók jam phûak gaa

gralha-calva (f)	นกการู๊ค	nók gaa róok
pato (m)	เป็ด	bpèt
ganso (m)	ห่าน	hàan
faisão (m)	ไก่ฟ้า	gài fáa
águia (f)	นกอินทรี	nók in-see
açor (m)	นกเหยี่ยว	nók yìeow
falcão (m)	นกเหยี่ยว	nók yìeow
abutre (m)	นกแร้ง	nók ráeng
condor (m)	นกแรงขนาดใหญ่	nók ráeng kà-nàat yài
cisne (m)	นกหงส์	nók hǒng
grou (m)	นกกระเรียน	nók grà rian
cegonha (f)	นกกระสา	nók grà-sǎa
papagaio (m)	นกแก้ว	nók gâew
beija-flor (m)	นกฮัมมิ่งเบิร์ด	nók ham-mîng-bèrt
pavão (m)	นกยูง	nók yoong
avestruz (m)	นกกระจอกเทศ	nók grà-jòrk-thâyt
garça (f)	นกยาง	nók yaang
flamingo (m)	นกฟลามิงโก	nók flaa-ming-goh
pelicano (m)	นกกระทุง	nók-grà-thung
rouxinol (m)	นกไนติงเกล	nók-nai-dting-gayn
andorinha (f)	นกนางแอน	nók naang-àen
tordo-zornal (m)	นกเดินดง	nók dern dong
tordo-músico (m)	นกเดินดงร้องเพลง	nók dern dong rórng phlayng
melro-preto (m)	นกเดินดงสีดำ	nók-dern-dong sěe dam
andorinhão (m)	นกแอ่น	nók àen
cotovia (f)	นกลาร์ค	nók lâak
codorna (f)	นกคุม	nók khûm
pica-pau (m)	นกหัวขวาน	nók hǔa khwǎan
cuco (m)	นกดุเหวา	nók dù hǎy wâa
coruja (f)	นกฮูก	nók hôok
bufo-real (m)	นกเค้าใหญ่	nók kháo yài
tetraz-grande (m)	ไก่ป่า	gài bpàa
tetraz-lira (m)	ไก่ดำ	gài dam
perdiz-cinzenta (f)	นกกระทา	nók-grà-thaa
estorninho (m)	นกกิ้งโครง	nók-gîng-khrohng
canário (m)	นกขุนมิ่น	nók khà-mîn
galinha-do-mato (f)	ไก่น้ำตาล	gài nám dtaan
tentilhão (m)	นกจาบ	nók-jàap
dom-fafe (m)	นกบูลฟินช์	nók boon-fin
gaivota (f)	นกนางนวล	nók naang-nuan
albatroz (m)	นกอัลบาทรอส	nók an-baa-thrôt
pinguim (m)	นกเพนกวิน	nók phayn-gwin

180. Pássaros. Canto e sons

cantar (vi)	ร้องเพลง	rórng phlayng
gritar, chamar (vi)	ร้อง	rórng
cantar (o galo)	ร้องขัน	rórng khǎn
cocorocó (m)	เสียงขัน	sǐang khǎn
cacarejar (vi)	ร้องกุ๊กๆ	rórng gúk gúk
crocitar (vi)	ร้องเสียงกาๆ	rórng sǐang gaa gaa
grasnar (vi)	ร้องกาบๆ	rórng gâap gâap
piar (vi)	ร้องเสียงจิ๊บ ๆ	rórng sǐang jíp jíp
chilrear, gorjear (vi)	ร้องจอกแจก	rórng jòk jáek

181. Peixes. Animais marinhos

brema (f)	ปลาบรีม	bplaa bpreem
carpa (f)	ปลาคาร์ป	bplaa khâap
perca (f)	ปลาเพิร์ช	bplaa phêrt
siluro (m)	ปลาดุก	bplaa-dùk
lúcio (m)	ปลาไพค์	bplaa phai
salmão (m)	ปลาแซลมอน	bplaa saen-morn
esturjão (m)	ปลาสเตอร์เจียน	bpláa sà-dtêr jian
arenque (m)	ปลาเฮอร์ริง	bplaa her-ring
salmão (m) do Atlântico	ปลาแซลมอนแอตแลนติก	bplaa saen-mon àet-laen-dtìk
cavala, sarda (f)	ปลาซาบะ	bplaa saa-bà
solha (f), linguado (m)	ปลาลิ้นหมา	bplaa lín-mǎa
lúcio perca (m)	ปลาไพค์เพิร์ช	bplaa phái phert
bacalhau (m)	ปลาค็อด	bplaa khót
atum (m)	ปลาทูนา	bplaa thoo-nâa
truta (f)	ปลาเทราท์	bplaa thrau
enguia (f)	ปลาไหล	bplaa lǎi
raia (f) elétrica	ปลากระเบนไฟฟ้า	bplaa grà-bayn-fai-fáa
moreia (f)	ปลาไหลมอเรย์	bplaa lǎi mor-ray
piranha (f)	ปลาปิรันยา	bplaa bpì-ran-yâa
tubarão (m)	ปลาฉลาม	bplaa chà-lǎam
golfinho (m)	โลมา	loh-maa
baleia (f)	วาฬ	waan
caranguejo (m)	ปู	bpoo
água-viva (f)	แมงกะพรุน	maeng gà-phrun
polvo (m)	ปลาหมึก	bplaa mèuk
estrela-do-mar (f)	ปลาดาว	bplaa daao
ouriço-do-mar (m)	หอยเมน	hǒi mâyn
cavalo-marinho (m)	ม้าน้ำ	máa nám
ostra (f)	หอยนางรม	hǒi naang rom
camarão (m)	กุ้ง	gûng

| lagosta (f) | กุ้งมังกร | gûng mang-gon |
| lagosta (f) | กุงมังกร | gûng mang-gon |

182. Anfíbios. Répteis

| cobra (f) | งู | ngoo |
| venenoso (adj) | พิษ | phít |

víbora (f)	งูแมวเซา	ngoo maew sao
naja (f)	งูเห่า	ngoo hào
píton (m)	งูเหลือม	ngoo lĕuam
jiboia (f)	งูโบอา	ngoo boh-aa

cobra-de-água (f)	งูเล็กที่ไม่เป็นอันตราย	ngoo lék thêe mâi bpen an-dtà-raai
cascavel (f)	งูหางกระดิ่ง	ngoo hăang grà-dìng
anaconda (f)	งูอนาคอนดา	ngoo a -naa-khon-daa

lagarto (m)	กิ้งก่า	gîng-gàa
iguana (f)	อีกัวนา	ee gua naa
varano (m)	กิ้งก่ามอนิเตอร์	gîng-gàa mor-ní-dtêr
salamandra (f)	ซาลาแมนเดอร์	saa-laa-maen-dêr
camaleão (m)	กิ้งก่าคามิเลียน	gîng-gàa khaa-mí-lian
escorpião (m)	แมงป่อง	maeng bpòrng

tartaruga (f)	เต่า	dtào
rã (f)	กบ	gòp
sapo (m)	คางคก	khaang-kók
crocodilo (m)	จระเข้	jor-rá-khây

183. Insetos

inseto (m)	แมลง	má-laeng
borboleta (f)	ผีเสื้อ	phĕe sêua
formiga (f)	มด	mót
mosca (f)	แมลงวัน	má-laeng wan
mosquito (m)	ยุง	yung
escaravelho (m)	แมลงปีกแข็ง	má-laeng bpèek khăeng

vespa (f)	ต่อ	dtòr
abelha (f)	ผึ้ง	phêung
mamangaba (f)	ผึ้งบัมเบิลบี	phêung bam-bern bee
moscardo (m)	เหลือบ	lèuap

| aranha (f) | แมงมุม | maeng mum |
| teia (f) de aranha | ใยแมงมุม | yai maeng mum |

libélula (f)	แมลงปอ	má-laeng bpor
gafanhoto (m)	ตั๊กแตน	dták-gà-dtaen
traça (f)	ผีเสื้อกลางคืน	phĕe sêua glaang kheun
barata (f)	แมลงสาบ	má-laeng sàap
carrapato (m)	เห็บ	hèp

pulga (f)	หมัด	màt
borrachudo (m)	ริ้น	rín
gafanhoto (m)	ตั๊กแตน	dták-gà-dtaen
caracol (m)	หอยทาก	hŏi thâak
grilo (m)	จิ้งหรีด	jîng-rèet
pirilampo, vaga-lume (m)	หิ่งห้อย	hìng-hôi
joaninha (f)	แมลงเต่าทอง	má-laeng dtào thorng
besouro (m)	แมงอีนูน	maeng ee noon
sanguessuga (f)	ปลิง	bpling
lagarta (f)	บุ้ง	bûng
minhoca (f)	ไส้เดือน	sâi deuan
larva (f)	ตัวอ่อน	dtua òrn

184. Animais. Partes do corpo

bico (m)	จงอยปาก	ja-ngoi bpàak
asas (f pl)	ปีก	bpèek
pata (f)	เท้า	tháo
plumagem (f)	ขนนก	khŏn nók
pena, pluma (f)	ขนนก	khŏn nók
crista (f)	ขนหัว	khŏn hŭa
brânquias, guelras (f pl)	เหงือก	ngèuak
ovas (f pl)	ไข่ปลา	khài-bplaa
larva (f)	ตัวอ่อน	dtua òrn
barbatana (f)	ครีบ	khrêep
escama (f)	เกล็ด	glèt
presa (f)	เขี้ยว	khîeow
pata (f)	เท้า	tháo
focinho (m)	จมูกและปาก	jà-mòok láe bpàak
boca (f)	ปาก	bpàak
cauda (f), rabo (m)	หาง	hăang
bigodes (m pl)	หนวด	nùat
casco (m)	กีบ	gèep
corno (m)	เขา	khăo
carapaça (f)	กระดอง	grà dorng
concha (f)	เปลือก	bplèuak
casca (f) de ovo	เปลือกไข่	bplèuak khài
pelo (m)	ขน	khŏn
pele (f), couro (m)	หนัง	năng

185. Animais. Habitats

hábitat (m)	ที่อยู่อาศัย	thêe yòo aa-săi
migração (f)	การอพยพ	gaan òp-phá-yóp
montanha (f)	ภูเขา	phoo khăo

recife (m)	แนวปะการัง	naew bpà-gaa-rang
falésia (f)	หน้าผา	nâa phǎa
floresta (f)	ป่า	bpàa
selva (f)	ป่าดิบชื้น	bpàa dìp chéun
savana (f)	สะวันนา	sà wan naa
tundra (f)	ทันดรา	than-draa
estepe (f)	ทุ่งหญ้าสเตปป์	thûng yâa sà-dtàyp
deserto (m)	ทะเลทราย	thá-lay saai
oásis (m)	โอเอซิส	oh-ay-sít
mar (m)	ทะเล	thá-lay
lago (m)	ทะเลสาบ	thá-lay sàap
oceano (m)	มหาสมุทร	má-hǎa sà-mùt
pântano (m)	บึง	beung
de água doce	น้ำจืด	nám jèut
lagoa (f)	บ่อน้ำ	bòr náam
rio (m)	แม่น้ำ	mâe náam
toca (f) do urso	ถ้ำสัตว์	thâm sàt
ninho (m)	รัง	rang
buraco (m) de árvore	โพรงไม้	phrohng máai
toca (f)	โพรง	phrohng
formigueiro (m)	รังมด	rang mót

Flora

186. Árvores

árvore (f)	ต้นไม้	dtôn máai
decídua (adj)	ผลัดใบ	phlàt bai
conífera (adj)	สน	sŏn
perene (adj)	ซึ่งเขียวชอุ่ม	sêung khĭeow chá-ùm
	ตลอดปี	dtà-lòrt bpee
macieira (f)	ต้นแอปเปิ้ล	dtôn àep-bpêrn
pereira (f)	ต้นแพร์	dtôn phae
cerejeira (f)	ต้นเชอร์รี่ป่า	dtôn cher-rêe bpàa
ginjeira (f)	ต้นเชอร์รี่	dtôn cher-rêe
ameixeira (f)	ตนพลัม	dtôn phlam
bétula (f)	ต้นเบิร์ช	dtôn bèrt
carvalho (m)	ต้นโอ๊ค	dtôn óhk
tília (f)	ตนไม้ดอกเหลือง	dtôn máai dòrk lĕuang
choupo-tremedor (m)	ต้นแอสเพน	dtôn ae sà-phayn
bordo (m)	ตนเมเปิ้ล	dtôn may bpêrn
espruce (m)	ต้นเฟอร์	dtôn fer
pinheiro (m)	ต้นเกี๊ยะ	dtôn gía
alerce, lariço (m)	ตนลารช	dtôn lâat
abeto (m)	ต้นเฟอร์	dtôn fer
cedro (m)	ตนซีดาร์	dtôn-see-daa
choupo, álamo (m)	ต้นปอปลาร์	dtôn bpor-bplaa
tramazeira (f)	ตนโรแวน	dtôn-roh-waen
salgueiro (m)	ต้นวิลโลว์	dtôn win-loh
amieiro (m)	ตนอัลเดอร์	dtôn an-dêr
faia (f)	ต้นบีช	dtôn bèet
ulmeiro, olmo (m)	ตนเอลม	dtôn elm
freixo (m)	ต้นแอช	dtôn aesh
castanheiro (m)	ตนเกาลัด	dtôn gao lát
magnólia (f)	ต้นแมกโนเลีย	dtôn mâek-noh-lia
palmeira (f)	ต้นปาล์ม	dtôn bpaam
cipreste (m)	ตนไซเปรส	dtôn-sai-bpràyt
mangue (m)	ต้นโกงกาง	dtôn gohng gaang
embondeiro, baobá (m)	ต้นเบาบับ	dtôn bao-bàp
eucalipto (m)	ต้นยูคาลิปตัส	dtôn yoo-khaa-líp-dtàt
sequoia (f)	ตนสนซีควัยา	dtôn sŏn see kua yaa

187. Arbustos

arbusto (m)	พุ่มไม้	phûm máai
arbusto (m), moita (f)	ต้นไม้พุ่ม	dtôn máai phûm
videira (f)	ต้นองุ่น	dtôn a-ngùn
vinhedo (m)	ไร่องุ่น	râi a-ngùn
framboeseira (f)	พุ่มราสเบอร์รี่	phûm râat-ber-rêe
groselheira-negra (f)	พุ่มแบล็คเคอร์แรนท์	phûm blàek-khêr-raen
groselheira-vermelha (f)	พุ่มเรดเคอร์แรนท์	phûm râyt-khêr-raen
groselheira (f) espinhosa	พุ่มกูสเบอร์รี่	phûm gòot-ber-rêe
acácia (f)	ต้นอาเคเซีย	dtôn aa-khay-chia
bérberis (f)	ต้นบาร์เบอร์รี่	dtôn baa-ber-rêe
jasmim (m)	มะลิ	má-lí
junípero (m)	ต้นจูนิเปอร์	dtôn joo-ní-bper
roseira (f)	พุ่มกุหลาบ	phûm gù làap
roseira (f) brava	พุ่มดอกโรส	phûm dòrk-rôht

188. Cogumelos

cogumelo (m)	เห็ด	hèt
cogumelo (m) comestível	เห็ดกินได้	hèt gin dâai
cogumelo (m) venenoso	เห็ดมีพิษ	hèt mee pít
chapéu (m)	ดอกเห็ด	dòrk hèt
pé, caule (m)	ตนเห็ด	dtôn hèt
boleto, porcino (m)	เห็ดพอร์ชินี	hèt phor chí nee
boleto (m) alaranjado	เห็ดพอร์ชินีดอกเหลือง	hèt phor chí nee dòrk lĕuang
boleto (m) de bétula	เห็ดตับเต่าที่ขึ้น บนตนเบิร์ช	hèt dtàp dtào thêe khêun bon dtôn-bèrt
cantarelo (m)	เห็ดก่อเหลือง	hèt gòr lĕuang
rússula (f)	เห็ดตะไค	hèt dtà khai
morchella (f)	เห็ดมอเรล	hèt mor rayn
agário-das-moscas (m)	เห็ดพิษหมวกแดง	hèt phít mùak daeng
cicuta (f) verde	เห็ดระโงกหิน	hèt rá ngôhk hĭn

189. Frutos. Bagas

fruta (f)	ผลไม้	phŏn-lá-máai
frutas (f pl)	ผลไม	phŏn-lá-máai
maçã (f)	แอปเปิ้ล	àep-bpêrn
pera (f)	ลูกแพร	lôok phae
ameixa (f)	พลัม	phlam
morango (m)	สตรอว์เบอร์รี่	sà-dtror-ber-rêe
ginja (f)	เชอร์รี่	cher-rêe

cereja (f)	เชอร์รี่ป่า	cher-rêe bpàa
uva (f)	องุ่น	a-ngùn
framboesa (f)	ราสเบอร์รี่	râat-ber-rêe
groselha (f) negra	แบล็คเคอร์แรนท์	blàek khêr-raen
groselha (f) vermelha	เรดเคอร์แรนท	râyt-khêr-raen
groselha (f) espinhosa	กูสเบอร์รี่	gòot-ber-rêe
oxicoco (m)	แครนเบอร์รี่	khraen-ber-rêe
laranja (f)	ส้ม	sôm
tangerina (f)	สมแมนดาริน	sôm maen daa rin
abacaxi (m)	สับปะรด	sàp-bpà-rót
banana (f)	กล้วย	glûay
tâmara (f)	อินทผลัม	in-thá-phâ-lam
limão (m)	เลมอน	lay-mon
damasco (m)	แอปริคอท	ae-bprì-khôrt
pêssego (m)	ลูกทอ	lôok thór
quiuí (m)	กีวี	gee wee
toranja (f)	สมโอ	sôm oh
baga (f)	เบอร์รี่	ber-rêe
bagas (f pl)	เบอร์รี่	ber-rêe
arando (m) vermelho	คาวเบอร์รี่	khaao-ber-rêe
morango-silvestre (m)	สตรอว์เบอร์รี่ป่า	sá-dtrorw ber-rêe bpàa
mirtilo (m)	บิลเบอร์รี่	bil-ber-rêe

190. Flores. Plantas

flor (f)	ดอกไม้	dòrk máai
buquê (m) de flores	ชอดอกไม้	chôr dòrk máai
rosa (f)	ดอกกุหลาบ	dòrk gù làap
tulipa (f)	ดอกทิวลิป	dòrk thiw-líp
cravo (m)	ดอกคาร์เนชั่น	dòrk khaa-nay-chân
gladíolo (m)	ดอกแกลดิโอลัส	dòrk gaen-dì-oh-lát
centáurea (f)	ดอกคอร์นฟลาวเวอร์	dòrk khon-flaao-wer
campainha (f)	ดอกระฆัง	dòrk rá-khang
dente-de-leão (m)	ดอกแดนดิไลออน	dòrk daen-dì-lai-on
camomila (f)	ดอกคาโมมายล	dòrk khaa-moh maai
aloé (m)	ว่านหางจระเข้	wâan-hăng-jor-rá-khây
cacto (m)	ตะบองเพชร	dtà-bong-phét
fícus (m)	ตนเลียบ	dtôn lîap
lírio (m)	ดอกลิลลี่	dòrk lí-lêe
gerânio (m)	ดอกเจอราเนียม	dòrk jer-raa-niam
jacinto (m)	ดอกไฮอะซินท์	dòrk hai-a-sin
mimosa (f)	ดอกไมยราบ	dòrk mai râap
narciso (m)	ดอกนาร์ซิสซัส	dòrk naa-sít-sát
capuchinha (f)	ดอกแนสเตอร์ชัม	dòrk nâet-dtêr-cham
orquídea (f)	ดอกกล้วยไม	dòrk glûay máai

peônia (f)	ดอกโบตั๋น	dòrk boh-dtǎn
violeta (f)	ดอกไวโอเล็ต	dòrk wai-oh-lét
amor-perfeito (m)	ดอกแพนซี	dòrk phaen-see
não-me-esqueças (m)	ดอกฟอรเก็ตมีน็อต	dòrk for-gèt-mee-nót
margarida (f)	ดอกเดซี	dòrk day see
papoula (f)	ดอกป๊อปปี้	dòrk bpóp-bpêe
cânhamo (m)	กัญชา	gan chaa
hortelã, menta (f)	สะระแหน่	sà-rá-nàe
lírio-do-vale (m)	ดอกลิลลี่แห่งหุบเขา	dòrk lí-lá-lêe hàeng hùp khǎo
campânula-branca (f)	ดอกหยาดหิมะ	dòrk yàat hì-má
urtiga (f)	ตำแย	dtam-yae
azedinha (f)	ซอรเรล	sor-rayn
nenúfar (m)	บัว	bua
samambaia (f)	เฟิรน	fern
líquen (m)	ไลเคน	lai-khayn
estufa (f)	เรือนกระจก	reuan grà-jòk
gramado (m)	สนามหญา	sà-nǎam yâa
canteiro (m) de flores	สนามดอกไม้	sà-nǎam-dòrk-máai
planta (f)	พืช	phêut
grama (f)	หญา	yâa
folha (f) de grama	ใบหญา	bai yâa
folha (f)	ใบไม้	bai máai
pétala (f)	กลีบดอก	glèep dòrk
talo (m)	ลำตน	lam dtôn
tubérculo (m)	หัวใตดิน	hǔa dtâi din
broto, rebento (m)	ตนออน	dtôn òrn
espinho (m)	หนาม	nǎam
florescer (vi)	บาน	baan
murchar (vi)	เหี่ยว	hìeow
cheiro (m)	กลิน	glìn
cortar (flores)	ตัด	dtàt
colher (uma flor)	เด็ด	dèt

191. Cereais, grãos

grão (m)	เมล็ด	má-lét
cereais (plantas)	ธัญพืช	than-yá-phêut
espiga (f)	รวงขาว	ruang khâao
trigo (m)	ขาวสาลี	khâao sǎa-lee
centeio (m)	ขาวไรย	khâao rai
aveia (f)	ขาวโอต	khâao óht
painço (m)	ขาวฟาง	khâao fâang
cevada (f)	ขาวบารเลย	khâao baa-lây
milho (m)	ขาวโพด	khâao-phôht

arroz (m)	ข้าว	khâao
trigo-sarraceno (m)	บัควีท	bàk-wêet
ervilha (f)	ถั่วลันเตา	thùa-lan-dtao
feijão (m) roxo	ถั่วรูปไต	thùa rôop dtai
soja (f)	ถั่วเหลือง	thùa lĕuang
lentilha (f)	ถั่วเลนทิล	thùa layn thin
feijão (m)	ถั่ว	thùa

GEOGRAFIA REGIONAL

Países. Nacionalidades

192. Política. Governo. Parte 1

política (f)	การเมือง	gaan meuang
político (adj)	ทางการเมือง	thang gaan meuang
político (m)	นักการเมือง	nák gaan meuang
estado (m)	รัฐ	rát
cidadão (m)	พลเมือง	phon-lá-meuang
cidadania (f)	สัญชาติ	săn-châat
brasão (m) de armas	ตราประจำชาติ	dtraa bprà-jam châat
hino (m) nacional	เพลงชาติ	phlayng châat
governo (m)	รัฐบาล	rát-thà-baan
Chefe (m) de Estado	ผู้นำประเทศ	phôo nam bprà-thâyt
parlamento (m)	รัฐสภา	rát-thà-sà-phaa
partido (m)	พรรคการเมือง	phák gaan meuang
capitalismo (m)	ทุนนิยม	thun ní-yom
capitalista (adj)	แบบทุนนิยม	bàep thun ní-yom
socialismo (m)	สังคมนิยม	săng-khom ní-yom
socialista (adj)	แบบสังคมนิยม	bàep săng-khom ní-yom
comunismo (m)	ลัทธิคอมมิวนิสต์	lát-thí khom-miw-nít
comunista (adj)	แบบคอมมิวนิสต์	bàep khom-miw-nít
comunista (m)	คนคอมมิวนิสต	khon khom-miw-nít
democracia (f)	ประชาธิปไตย	bprà-chaa-thíp-bpà-dtai
democrata (m)	ผู้นิยมประชาธิปไตย	phôo ní-yom bprà-chaa-típ-bpà-dtai
democrático (adj)	แบบประชาธิปไตย	bàep bprà-chaa-thíp-bpà-dtai
Partido (m) Democrático	พรรคประชาธิปัตย์	phák bprà-chaa-tí-bpàt
liberal (m)	ผู้เอียงเสรีนิยม	phôo iang săy-ree ní-yom
liberal (adj)	แบบเสรีนิยม	bàep săy-ree ní-yom
conservador (m)	ผู้เอียงอนุรักษ์นิยม	phôo iang a-nú rák ní-yom
conservador (adj)	แบบอนุรักษ์นิยม	bàep a-nú rák ní-yom
república (f)	สาธารณรัฐ	săa-thaa-rá-ná rát
republicano (m)	รีพับลิกัน	ree páp lí gan
Partido (m) Republicano	พรรครีพับลิกัน	phák ree-páp-lí-gan
eleições (f pl)	การเลือกตั้ง	gaan lêuak dtâng
eleger (vt)	เลือก	lêuak

eleitor (m)	ผู้ออกเสียงลงคะแนน	phôo òrk sĭang long khá-naen
campanha (f) eleitoral	การรณรงค์หาเสียง	gaan ron-ná-rorng hăa sĭang
votação (f)	การออกเสียงลงคะแนน	gaan òrk sĭang long khá-naen
votar (vi)	ลงคะแนน	long khá-naen
sufrágio (m)	สิทธิ์ในการเลือกตั้ง	sìt-thí nai gaan lêuak dtâng
candidato (m)	ผู้สมัคร	phôo sà-màk
candidatar-se (vi)	ลงสมัคร	long sà-màk
campanha (f)	การรณรงค์	gaan ron-ná-rorng
da oposição	ฝ่ายค้าน	fàai kháan
oposição (f)	ฝ่ายค้าน	fàai kháan
visita (f)	การเยือน	gaan yeuan
visita (f) oficial	การเยือนอย่างเป็นทางการ	gaan yeuan yàang bpen thaang gaan
internacional (adj)	แบบสากล	bàep săa-gon
negociações (f pl)	การเจรจา	gaan jayn-rá-jaa
negociar (vi)	เจรจา	jayn-rá-jaa

193. Política. Governo. Parte 2

sociedade (f)	สังคม	săng-khom
constituição (f)	รัฐธรรมนูญ	rát-thà-tham-má-noon
poder (ir para o ~)	อำนาจ	am-nâat
corrupção (f)	การทุจริตคอรัปชั่น	gaan thút-jà-rìt khor-ráp-chân
lei (f)	กฎหมาย	gòt măai
legal (adj)	ทางกฎหมาย	thaang gòt măai
justeza (f)	ความยุติธรรม	khwaam yút-dtì-tham
justo (adj)	เป็นธรรม	bpen tham
comitê (m)	คณะกรรมการ	khá-ná gam-má-gaan
projeto-lei (m)	ร่าง	râang
orçamento (m)	งบประมาณ	ngóp bprà-maan
política (f)	นโยบาย	ná-yoh-baai
reforma (f)	ปฏิรูป	bpà-dtì rôop
radical (adj)	รุนแรง	run raeng
força (f)	กำลัง	gam-lang
poderoso (adj)	ทรงพลัง	song phá-lang
partidário (m)	ผู้สนับสนุน	phôo sà-nàp-sà-nŭn
influência (f)	อิทธิพล	ìt-thí pon
regime (m)	ระบอบการปกครอง	rá-bòrp gaan bpòk khrorng
conflito (m)	ความขัดแย้ง	khwaam khàt yáeng
conspiração (f)	การคบคิด	gaan khóp khít
provocação (f)	การยั่วยุ	gaan yûa yú
derrubar (vt)	ล้มล้าง	lóm láang
derrube (m), queda (f)	การล้ม	gaan lóm

revolução (f)	ปฏิวัติ	bpà-dtì-wát
golpe (m) de Estado	รัฐประหาร	rát-thà-bprà-hăan
golpe (m) militar	การยึดอำนาจ	gaan yéut am-nâat
	ด้วยกำลังทหาร	dûay gam-lang thá-hăan
crise (f)	วิกฤติ	wí-grìt
recessão (f) econômica	ภาวะเศรษฐกิจถดถอย	phaa-wá sàyt-thà-gìt thòt thŏi
manifestante (m)	ผู้ประท้วง	phôo bprà-thúang
manifestação (f)	การประท้วง	gaan bprà-thúang
lei (f) marcial	กฎอัยการศึก	gòt ai-yá-gaan sèuk
base (f) militar	ฐานทัพ	thăan tháp
estabilidade (f)	ความมั่นคง	khwaam mân-khong
estável (adj)	มั่นคง	mân khong
exploração (f)	การขูดรีด	gaan khòot rêet
explorar (vt)	ขูดรีด	khòot rêet
racismo (m)	ลัทธินิยมเชื้อชาติ	khá-dtì ní-yom chéua châat
racista (m)	ผู้เหยียดผิว	phôo yìat phĭw
fascismo (m)	ลัทธิฟาสซิสต์	lát-thí fâat-sít
fascista (m)	ผู้นิยมลัทธิฟาสซิสต์	phôo ní-yom lát-thí fâat-sít

194. Países. Diversos

estrangeiro (m)	คนต่างชาติ	khon dtàang châat
estrangeiro (adj)	ต่างชาติ	dtàang châat
no estrangeiro	ต่างประเทศ	dtàang bprà-thâyt
emigrante (m)	ผู้อพยพ	phôo òp-phá-yóp
emigração (f)	การอพยพ	gaan òp-phá-yóp
emigrar (vi)	อพยพ	òp-phá-yóp
Ocidente (m)	ตะวันตก	dtà-wan dtòk
Oriente (m)	ตะวันออก	dtà-wan òrk
Extremo Oriente (m)	ตะวันออกไกล	dtà-wan òrk glai
civilização (f)	อารยธรรม	aa-rá-yá-tham
humanidade (f)	มนุษยชาติ	má-nút-sà-yá-châat
mundo (m)	โลก	lôhk
paz (f)	ความสงบสุข	khwaam sà-ngòp-sùk
mundial (adj)	ทั่วโลก	thûa lôhk
pátria (f)	บ้านเกิด	bâan gèrt
povo (população)	ประชาชน	bprà-chaa chon
população (f)	ประชากร	bprà-chaa gon
gente (f)	ประชาชน	bprà-chaa chon
nação (f)	ชาติ	châat
geração (f)	รุ่น	rûn
território (m)	อาณาเขต	aa-naa khàyt
região (f)	ภูมิภาค	phoo-mí-phâak
estado (m)	รัฐ	rát
tradição (f)	ธรรมเนียม	tham-niam

costume (m)	ประเพณี	bprà-phay-nee
ecologia (f)	นิเวศวิทยา	ní-wâyt wít-thá-yaa
índio (m)	อินเดียนแดง	in-dian daeng
cigano (m)	คนยิปซี	khon yíp-see
cigana (f)	คนยิปซี	khon yíp-see
cigano (adj)	ยิปซี	yíp see
império (m)	จักรวรรดิ	jàk-grà-wàt
colônia (f)	อาณานิคม	aa-naa ní-khom
escravidão (f)	การใช้แรงงานทาส	gaan chái raeng ngaan thâat
invasão (f)	การบุกรุก	gaan bùk rúk
fome (f)	ความอดอยาก	khwaam òt yàak

195. Grupos religiosos mais importantes. Confissões

religião (f)	ศาสนา	sàat-sà-nǎa
religioso (adj)	ศาสนา	sàat-sà-nǎa
crença (f)	ศรัทธา	sàt-thaa
crer (vt)	นับถือ	náp thěu
crente (m)	ผู้ศรัทธา	phôo sàt-thaa
ateísmo (m)	อเทวนิยม	a-thay-wá ní-yom
ateu (m)	ผู้เชื่อว่า	phôo chêua wâa
	ไม่มีพระเจ้า	mâi mee phrá jâo
cristianismo (m)	ศาสนาคริสต์	sàat-sà-nǎa khrít
cristão (m)	ผู้นับถือ	phôo náp thěu
	ศาสนาคริสต์	sàat-sà-nǎa khrít
cristão (adj)	ศาสนาคริสต์	sàat-sà-nǎa khrít
catolicismo (m)	ศาสนาคาธอลิก	sàat-sà-nǎa khaa-thor-lík
católico (m)	ผู้นับถือ	phôo náp thěu
	ศาสนาคาธอลิก	sàat-sà-nǎa khaa-thor-lík
católico (adj)	คาธอลิก	khaa-thor-lík
protestantismo (m)	ศาสนา	sàat-sà-nǎa
	โปรแตสแตนท์	bproh-dtàet-dtaen
Igreja (f) Protestante	โบสถ์นิกาย	bòht ní-gaai
	โปรแตสแตนท์	bproh-dtàet-dtaen
protestante (m)	ผู้นับถือศาสนา	phôo náp thěu sàat-sà-nǎa
	โปรแตสแตนท์	bproh-dtàet-dtaen
ortodoxia (f)	ศาสนาออร์ทอดอกซ์	sàat-sà-nǎa or-thor-dòrk
Igreja (f) Ortodoxa	โบสถศาสนาออรทอดอกซ์	bòht sàat-sà-nǎa or-thor-dòrk
ortodoxo (m)	ผู้นับถือ	phôo náp thěu
	ศาสนาออรทอดอกซ์	sàat-sà-nǎa or-thor-dòrk
presbiterianismo (m)	นิกายเพรสไบทีเรียน	ní-gaai phrayt-bai-thee-rian
Igreja (f) Presbiteriana	โบสถ์นิกาย	bòht ní-gaai
	เพรสไบทีเรียน	phrayt-bai-thee-rian
presbiteriano (m)	ผู้นับถือนิกาย	phôo náp thěu ní-gaai
	เพรสไบทีเรียน	phrayt bai thee rian

luteranismo (m)	นิกายลูเทอแรน	ní-gaai loo-thay-a-răen
luterano (m)	ผู้นับถือนิกาย	phôo náp thĕu ní-gaai
	ลูเทอแรน	loo-thay-a-răen

Igreja (f) Batista	นิกายแบ๊บติสท์	ní-gaai báep-dtìt
batista (m)	ผู้นับถือนิกาย	phôo náp thĕu ní-gaai
	แบบติสท	báep-dtìt

Igreja (f) Anglicana	โบสถ์นิกายแองกลิกัน	bòht ní-gaai ae-ngók-lí-gan
anglicano (m)	ผู้นับถือนิกาย	phôo náp thĕu ní-gaai
	แองกลิกัน	ae ngók lí gan

mormonismo (m)	นิกายมอร์มอน	ní-gaai mor-mon
mórmon (m)	ผู้นับถือนิกาย	phôo náp thĕu ní-gaai
	มอรมอน	mor-mon

| Judaísmo (m) | ศาสนายิว | sàat-sà-năa yiw |
| judeu (m) | คนยิว | khon yiw |

budismo (m)	ศาสนาพุธ	sàat-sà-năa phút
budista (m)	ผู้นับถือ	phôo náp thĕu
	ศาสนาพุธ	sàat-sà-năa phút

hinduísmo (m)	ศาสนาฮินดู	sàat-sà-năa hin-doo
hindu (m)	ผู้นับถือ	phôo náp thĕu
	ศาสนาฮินดู	sàat-sà-năa hin-doo

Islã (m)	ศาสนาอิสลาม	sàat-sà-năa ìt-sà-laam
muçulmano (m)	ผู้นับถือ	phôo náp thĕu
	ศาสนาอิสลาม	sàat-sà-năa ìt-sà-laam
muçulmano (adj)	มุสลิม	mút-sà-lim

xiismo (m)	ศาสนา	sàat-sà-năa
	อิสลามนิกายชีอะฮ์	ìt-sà-laam ní-gaai shi-à
xiita (m)	ผู้นับถือนิกายชีอะฮ์	phôo náp thĕu ní-gaai shi-à

sunismo (m)	ศาสนา	sàat-sà-năa
	อิสลามนิกายซุนนี	ìt-sà-laam ní-gaai sun-nee
sunita (m)	ผู้นับถือนิกาย	phôo náp thĕu ní-gaai
	ซุนนี	sun-nee

196. Religiões. Padres

| padre (m) | นักบวช | nák bùat |
| Papa (m) | พระสันตะปาปา | phrá săn-dtà-bpaa-bpaa |

monge (m)	พระ	phrá
freira (f)	แม่ชี	mâe chee
pastor (m)	ศาสนาจารย์	sàat-sà-năa-jaan

abade (m)	เจ้าอาวาส	jâo aa-wâat
vigário (m)	เจาอาวาส	jâo aa-wâat
bispo (m)	มุขนายก	múk naa-yók
cardeal (m)	พระคาร์ดินัล	phrá khaa-dì-nan

pregador (m)	นักเทศน์	nák thâyt
sermão (m)	การเทศนา	gaan thâyt-sà-nǎa
paroquianos (pl)	ลูกวัด	lôok wát

crente (m)	ผู้ศรัทธา	phôo sàt-thaa
ateu (m)	ผู้เชื่อว่า	phôo chêua wâa
	ไม่มีพระเจ้า	mâi mee phrá jâo

197. Fé. Cristianismo. Islão

| Adão | อาดัม | aa-dam |
| Eva | เอวา | ay-waa |

Deus (m)	พระเจ้า	phrá jâo
Senhor (m)	พระเจ้า	phrá jâo
Todo Poderoso (m)	พระผู้เป็นเจ้า	phrá phôo bpen jâo

pecado (m)	บาป	bàap
pecar (vi)	ทำบาป	tham bàap
pecador (m)	คนบาป	khon bàap
pecadora (f)	คนบาป	khon bàap

| inferno (m) | นรก | ná-rók |
| paraíso (m) | สวรรค์ | sà-wǎn |

| Jesus | พระเยซู | phrá yay-soo |
| Jesus Cristo | พระเยซูคริสต์ | phrá yay-soo khrít |

Espírito (m) Santo	พระจิต	phrá jìt
Salvador (m)	พระผู้ไถ่	phrá phôo thài
Virgem Maria (f)	พระนางมารีย์	phrá naang maa ree
	พรหมจารี	phrom-má-jaa-ree

Diabo (m)	มาร	maan
diabólico (adj)	ของมาร	khǒrng maan
Satanás (m)	ซาตาน	saa-dtaan
satânico (adj)	ซาตาน	saa-dtaan

anjo (m)	เทวทูต	thay-wá-thôot
anjo (m) da guarda	เทวดาผู้	thay-wá-daa phôo
	คุมครอง	khúm khrorng
angelical	ของเทวดา	khǒrng thay-wá-daa

apóstolo (m)	สาวก	sǎa-wók
arcanjo (m)	หัวหน้าทูตสวรรค์	hǔa nâa thôot sà-wǎn
anticristo (m)	ศัตรูของพระคริสต์	sàt-dtroo khǒrng phrá khrít

Igreja (f)	โบสถ์	bòht
Bíblia (f)	คัมภีร์ไบเบิ้ล	kham-phee bai-bêrn
bíblico (adj)	ไบเบิ้ล	bai-bêrn

Velho Testamento (m)	พันธสัญญาเดิม	phan-thá-sǎn-yaa derm
Novo Testamento (m)	พันธสัญญาใหม่	phan-thá-sǎn-yaa mài
Evangelho (m)	พระวรสาร	phrá won sǎan

Sagradas Escrituras (f pl)	พระคัมภีร์ไบเบิล	phrá kham-phee bai-bern
Céu (sete céus)	สวรรค์	sà-wǎn
mandamento (m)	บัญญัติ	ban-yàt
profeta (m)	ผู้เผยพระวจนะ	phôo phǒie phrá wá-jà-ná
profecia (f)	คำพยากรณ์	kham phá-yaa-gon
Alá (m)	อัลลอฮ์	an-lor
Maomé (m)	พระมูฮัมหมัด	phrá moo ham màt
Alcorão (m)	อัลกุรอาน	an gù-rá-aan
mesquita (f)	สุเหร่า	sù-rào
mulá (m)	มุลละ	mun lá
oração (f)	บทสวดมนต์	bòt sùat mon
rezar, orar (vi)	สวด	sùat
peregrinação (f)	การจาริกแสวงบุญ	gaan jaa-rík sà-wǎeng bun
peregrino (m)	ผู้แสวงบุญ	phôo sà-wǎeng bun
Meca (f)	มักกะฮ	mák-gà
igreja (f)	โบสถ์	bòht
templo (m)	วิหาร	wí-hǎan
catedral (f)	มหาวิหาร	má-hǎa wí-hǎan
gótico (adj)	แบบโกธิก	bàep goh-thík
sinagoga (f)	โบสถ์ของศาสนายิว	bòht khǒrng sàat-sà-nǎa yiw
mesquita (f)	สุเหรา	sù-rào
capela (f)	ห้องสวดมนต์	hôrng sùat mon
abadia (f)	วัด	wát
convento (m)	สำนักแม่ชี	sǎm-nák mâe chee
monastério (m)	อาราม	aa raam
sino (m)	ระฆัง	rá-khang
campanário (m)	หอระฆัง	hǒr rá-khang
repicar (vi)	ตีระฆัง	dtee rá-khang
cruz (f)	ไม้กางเขน	mái gaang khǎyn
cúpula (f)	หลังคาทรงโดม	lǎng kaa song dohm
ícone (m)	รูปเคารพ	rôop kpao-róp
alma (f)	วิญญาณ	win-yaan
destino (m)	ชะตากรรม	chá-dtaa gam
mal (m)	ความชั่วร้าย	khwaam chûa ráai
bem (m)	ความดี	khwaam dee
vampiro (m)	ผีดูดเลือด	phǐe dòot lêuat
bruxa (f)	แมมด	mâe mót
demônio (m)	ปีศาจ	bpee-sàat
espírito (m)	ผี	phǐe
redenção (f)	การไถ่ถอน	gaan thài thǒrn
redimir (vt)	ไถ่ถอน	thài thǒrn
missa (f)	พิธีมิสซา	phí-tee mít-saa
celebrar a missa	ประกอบพิธี	bprà-gòp phí-thee
	ศีลมหาสนิท	sěen má-hǎa sà-nìt

confissão (f)	การสารภาพ	gaan săa-rá-phâap
confessar-se (vr)	สารภาพ	săa-rá-phâap
santo (m)	นักบุญ	nák bun
sagrado (adj)	ศักดิ์สิทธิ์	sàk-gà-dì sìt
água (f) benta	น้ำมนต์	nám mon
ritual (m)	พิธีกรรม	phí-thee gam
ritual (adj)	แบบพิธีกรรม	bpaep phí-thee gam
sacrifício (m)	การบูชายัญ	gaan boo-chaa yan
superstição (f)	ความเชื่องมงาย	khwaam chêua ngom-ngaai
supersticioso (adj)	เชื่องมงาย	chêua ngom-ngaai
vida (f) após a morte	ชีวิตหลังความตาย	chee-wít lăng khwaam dtaai
vida (f) eterna	ชีวิตอันเป็นนิรันดร์	chee-wít an bpen ní-ran

TEMAS DIVERSOS

198. Várias palavras úteis

ajuda (f)	ความช่วยเหลือ	khwaam chûay lĕua
barreira (f)	สิ่งกีดขวาง	sìng gèet-khwăang
base (f)	ฐาน	thăan
categoria (f)	หมวดหมู่	mùat mòo
causa (f)	สาเหตุ	săa-hàyt
coincidência (f)	ความบังเอิญ	khwaam bang-ern
coisa (f)	สิ่ง	sìng
começo, início (m)	จุดเริ่มต้น	jùt rêrm-dtôn
cômodo (ex. poltrona ~a)	สะดวกสบาย	sà-dùak sà-baai
comparação (f)	การเปรียบเทียบ	gaan bprìap thîap
compensação (f)	การชดเชย	gaan chót-choie
crescimento (m)	การเติบโต	gaan dtèrp dtoh
desenvolvimento (m)	การพัฒนา	gaan phát-thá-naa
diferença (f)	ความแตกต่าง	khwaam dtàek dtàang
efeito (m)	ผลกระทบ	phŏn grà-thóp
elemento (m)	องค์ประกอบ	ong bprà-gòrp
equilíbrio (m)	สมดุล	sà-má-dun
erro (m)	ข้อผิดพลาด	khôr phìt phlâat
esforço (m)	ความพยายาม	khwaam phá-yaa-yaam
estilo (m)	สไตล์	sà-dtai
exemplo (m)	ตัวอย่าง	dtua yàang
fato (m)	ข้อเท็จจริง	khôr thét jing
fim (m)	จบ	jòp
forma (f)	รูปร่าง	rôop râang
frequente (adj)	ถี่	thèe
fundo (ex. ~ verde)	ฉากหลัง	chàak lăng
gênero (tipo)	ประเภท	bprà-phâyt
grau (m)	ระดับ	rá-dàp
ideal (m)	อุดมคติ	u-dom khá-dtì
labirinto (m)	เขาวงกต	khăo-wong-gòt
modo (m)	วิธีทาง	wí-thĕe thaang
momento (m)	ช่วงเวลา	chûang way-laa
objeto (m)	สิ่งของ	sìng khŏrng
obstáculo (m)	อุปสรรค	u-bpà-sàk
original (m)	ต้นฉบับ	dtôn chà-bàp
padrão (adj)	เป็นมาตรฐาน	bpen mâat-dtrà-thăan
padrão (m)	มาตรฐาน	mâat-dtrà-thăan
paragem (pausa)	การหยุด	gaan yùt
parte (f)	ส่วน	sùan

partícula (f)	อนุภาค	a-nú phâak
pausa (f)	การหยุดพัก	gaan yùt phák
posição (f)	ตำแหน่ง	dtam-nàeng
princípio (m)	หลักการ	làk gaan
problema (m)	ปัญหา	bpan-hǎa
processo (m)	กระบวนการ	grà-buan gaan
progresso (m)	ความก้าวหน้า	khwaam gâao nâa
propriedade (qualidade)	คุณสมบัติ	khun-ná-sǒm-bàt
reação (f)	ปฏิกิริยา	bpà-dtì gì-rí-yaa
risco (m)	ความเสี่ยง	khwaam sìang
ritmo (m)	จังหวะ	jang wà
segredo (m)	ความลับ	khwaam láp
série (f)	ลำดับ	lam-dàp
sistema (m)	ระบบ	rá-bòp
situação (f)	สถานการณ์	sà-thǎan gaan
solução (f)	ทางแก	thaang gâe
tabela (f)	ตาราง	dtaa-raang
termo (ex. ~ técnico)	คำ	kham
tipo (m)	ประเภท	bprà-phâyt
urgente (adj)	เร่งด่วน	râyng dùan
urgentemente	อย่างเร่งด่วน	yàang râyng dùan
utilidade (f)	ความมีประโยชน์	khwaam mee bprà-yòht
variante (f)	ข้อ	khôr
variedade (f)	ตัวเลือก	dtua lêuak
verdade (f)	ความจริง	khwaam jing
vez (f)	ตา	dtaa
zona (f)	โซน	sohn

www.ingramcontent.com/pod-product-compliance
Lightning Source LLC
Chambersburg PA
CBHW071338090426
42738CB00012B/2937